Souk Al Bahar.

DIRECTEURS DE COLLECTION ET AUTEURS
Dominique AUZIAS et Jean-Paul LABOURDETTE

AUTEURS
Anne Sophie LOZANO KRAMER, Charlotte FICHEUX, Saliha HADJ-DJILANI, Vincent GUARRIGUES, Cathyline DAIRIN, Sylvie SACHOT, Jean-Paul LABOURDETTE, Dominique AUZIAS et alter

DIRECTEUR EDITORIAL
Stéphan SZEREMETA

RÉDACTION MONDE
Laure CHATAIGNON, Morgane VESLIN, Pierre-Yves SOUCHET, Natalia COLLIER

RÉDACTION FRANCE
Briséis CREAC'H-MENUT, Mélanie COTTARD, Audrey VEDOVOTTO, Nicolas WODARCZAK

MAQUETTE ET MONTAGE
Romain AUDREN, Julie BORDES, Delphine PAGANO

ICONOGRAPHIE CARTOGRAPHIE
Anne DIOT, Julien DOUCET

DIRECTRICE DES VENTES
Bénédicte MOULET assistée d'Aissatou DIOP

RESPONSABLE DES VENTES
Jean-Pierre GHEZ assisté de Nelly BRION

RELATIONS PRESSE-PARTENARIATS
Jean-Mary MARCHAL

PRÉSIDENT
Jean-Paul LABOURDETTE

DIRECTRICE ADMINISTRATIVE ET FINANCIÈRE
Valérie DECOTTIGNIES

DIRECTRICE DES RESSOURCES HUMAINES
Dina BOURDEAU assistée de Sandra DOS REIS et Eva BAELEN

COMPTABILITÉ
Guillaume PETIT, Aminata BAGAYOKO, Jeannine DEMIRDJIAN

RECOUVREMENT
Fabien BONNAN assisté de Sandra BRIJLALL

CITY TRIP DUBAÏ 2022

LES NOUVELLES EDITIONS DE L'UNIVERSITE
18, rue des Volontaires - 75015 Paris.
✆ 01 53 69 70 00 - Fax 01 42 73 15 24
Internet : www.petitfute.com
SAS au capital de 1 000 000 € -
RC PARIS B 309 769 966
Couverture : Souk Al Bahar est un marché alliant tradition et modernité en plein cœur de Dubai © saiko3p - stock.adobe.com
Impression : IMPRIMERIE CHIRAT - 42540 Saint-Just-la-Pendue
Achevé d'imprimer : mars 2022
Dépôt légal : 04/04/2022
ISBN : 9782305076492

Pour nous contacter par email, indiquez le nom de famille en minuscule suivi de @petitfute.com
Pour le courrier des lecteurs : info@petitfute.com

PEFC 10-31-1895

IMPRIMÉ EN FRANCE

BIENVENUE À DUBAÏ !

Au beau milieu du désert, presque au milieu de nulle part, surgit tel un mirage, Dubaï la magnifique. Comment ne pas se laisser bluffer par cette ville sans limites dont le gigantisme de verre et d'acier semble tout droit sorti d'un film de science-fiction ? Innovante, éclectique, magnétique, Dubaï s'érige en mégapole incontournable, futuriste à souhait comme le serait une capitale au 3e millénaire. Son Downtown aux gratte-ciel vertigineux avec Burj Khalifa qui s'élance vers l'infini laisse sans voix, ses plages aux eaux chaudes et cristallines sont déconcertantes de beauté, ses malls disséminés de-ci de-là sonnent l'heure du divertissement à foison comme le ferait un Disneyland pour adultes. Et comment ne pas se laisser charmer par ce vieux Dubaï qui respire l'authenticité orientale des Contes des *Mille et Une Nuits* ? Devant tant de splendeurs, on voudrait prendre du recul, car « tout est superficiel » vous dit-on et pourtant, on se laisse happer par ce paradis du *fake* et de la consommation à outrance où de jolis souks sont tout de même là pour vous rappeler que, oui, vous êtes bel et bien sur la péninsule arabique, au cœur du Moyen-Orient. Non, vous ne rêvez pas, vous êtes à Dubaï où l'impossible n'existe pas. Bienvenue au XXIe siècle !

La rédaction

Anne-Sophie Lozano Kramer a travaillé près de 12 ans dans les hôtels de luxe dans divers endroits du globe. Installée depuis 2010 au Qatar puis aux Émirats arabes unis, elle se passionne pour l'histoire et l'archéologie de la région, la vie des bédouins mais aussi la culture et les traditions du monde arabe. Elle décide de partager sa passion avec les touristes de passage et devient guide en obtenant sa licence officielle pour Abu Dhabi, Dubaï et Sharjah. Elle commence sa collaboration avec le Petit Futé *en 2015, signant les guides Abu Dhabi et Dubaï.*

SOMMAIRE

Ces trois quartiers constituent le cœur historique de Dubaï, contrastant avec le reste de la ville. La Creek et ses bateaux-taxis, ses maisons et tours à vent, ses souks en font un lieu pittoresque et attachant, loin des extravagances du nouveau Dubaï. Vous sentirez surtout cette atmosphère hors du temps en arpentant les quartiers historiques d'Al Fahidi, de Shindagha ou de Deira.

Ou Dubaï côté plages ! Un doux farniente s'empare du visiteur qui, incrédule, ne peut croire qu'il y a cinq minutes, il était encore entouré de béton et de gratte-ciels. En quelques secondes, on peut se retrouver perché sur un paddle avec vue imprenable sur la Burj Khalifa, allongé sur une chaise longue ou attablé avec une limonade mentholée à la main.

99

THE PALM, DUBAI MARINA, JBR

Voici le quartier dont les édifices emblématiques, soit l'Hôtel de la voile (Burj Al Arab) et la Palm, ont permis d'associer des images carte postale à Dubaï. Aujourd'hui, c'est un lieu où les hôtels rivalisent d'imagination pour attirer une clientèle à la recherche de luxe, de restaurants branchés, et de bars nocturnes offrant des vues imprenables sur la démesure dubaïote.

DUBAI DOWNTOWN ET SHEIKH ZAYED

Downtown est le quartier de tous les records ! Plus grande tour du monde, plus grand centre commercial de la planète, hôtel le plus haut du monde, pour n'en nommer que quelques-uns. Planète finance le matin, Downtown se transforme et brille de mille feux à la nuit tombée autour de ses fontaines et de son show laser. Quartier incontournable qui ne laisse personne indiffèrent et qui permet de comprendre pourquoi Dubaï est une des villes les plus visitées au monde.

121

148

BARSHA ET AL QHOZ

Quartier industriel de la ville, Barsha et Al Qhoz a échappé à la conquête de la folie immobilière avec la crise financière de 2008. Depuis plus de 14 ans, il s'est transformé en un « arrondissement » culturel et artistique surprenant, dont le phare est sans aucun doute Alserkal Avenue. On y découvre un autre Dubaï, celui d'une plateforme pour les artistes contemporains de la région et qui trouvent dans ce quartier un canal de diffusion inattendu.

DUBAÏ
PALM JEBEL ALI
PALM JUMEIRAH
JEBEL ALI PORT
Bluewaters
DUBAÏ MARINA
Burj Al Arab
Madinat Souk
Al Sufouh Road
Sheikh Zayed Road
Sheikh Zayed Road
AL SUFOUH
UMM AL SHEIF
Ibn Battuta Mall
JEBEL ALI VILLAGE
JEBEL ALI FREE ZONE
Emirates Golf Club
EMIRATES HILLS
Mall of the Emirates
Montgomerie Golf Club
AL QUOZ IND. AREA
318 rd.
JEBEL ALI INDUSTRIAL AREA
AL BARSHA
Al Khail Road
JEBEL ALI FREEE ZONE EXTENTION
AL BARSHA SOUTH
Emirates Road
Emirates Road
Jumeirah Golf Estates
DUBAÏ INVESTMENT PARK 1
Sports City
Autodrome
Motor City
ARABIAN RANCHES
DUBAI INVESTMENT PARK 2
Polo & Equiestrian Club
Arabian Ranches Golf Club
Al Qudra Road
Global Village
1- Quartier historique de Shindagha
2- Sheikh Saeed Al Maktoum House
3- Dubaï Museum
4- Saruk al Hadid Museum
5- Quartier historique Al Fahidi
6- Souk aux tissus
7- Ecole d'Ahmadiya
8- Musée de la femme
9- Souk de l'or
10- Souk aux épices
11- Etihad Museum
Zone urbaine
Zone commerciale
Zone industrielle
Zone de développement
Sable et désert
Espaces verts et golf
Zone aéroportuaire
Mosquée
Principale curiosité

THE WORLD
…E D'ARABIE
Jumeirah Bay Island
Jumeirah Beach Park
PORT RACHID
DEIRA ISLANDS
Deira Market
11
AL MINA
NAIF
Jumeirah Centre
Al Khaleej Rd.
2
3
7
8
9
6
10
4
5
UMM SUQEIM
JUMEIRAH
Jumeirah Rd.
Mercato
Jumeirah Mosquée
Al Mamzar Beach Parc
MUTEENA
AL HAMRIYA
Majlis Ghorfat Um Al Sheef
AL BADA'A
Al Satwa Rd.
AL RAFFA
Al Wasl Rd.
Safa Park
SATWA
Al Ghurair City
Reef Mall
Spinneys Centre
AL SAFA
AL WASL
Burjuman Centre
SHARJAH
Za'abeel Park
RIGGA
Sheikh Zayed Road
Dubaï International Financial center
KARAMA
HOR AL ANZ
AL MANARA
PORT SAEED
Burj Khalifa
OUD METHA
319 rd.
Muscat Street
Dubai Mall
Doha St.
ZA'ABEEL
Sheikh Rashid Road
Deira City Centre
Al Ittehad Road
AL NAHDA
Wafi City
Creekside Park
Dubaï creek Golf & Yacht Club
Al Khail Road
Airport Rd.
UMM HURAIR
AL TWAR
Festival City
DUBAÏ INTER. AIRPORT
Damascus Street
JADDAF
GARHOUD
Marrakech St.
AL QUSAIS
Ras Al Khor Wildlife Sanctuary
Dubaï Creek
Muscut Street
UMM RAMOOL
Al Rebat Street
Beirut Street
Nad Al Shaba Golf Club & Racecourse
RAS AL KHOR
Al Badia Golf Resort
NAD AL SHEBA 1
Ras Al Khor Road
Emirates Road
RAS AL KHOR IND. AREA
RASIDIYA
Nad Al Hamar Road
MUHAISNAH
DUBAÏLAND
NADD AL HAMAR
NAD AL SHEBA 2
Manama Road
MIRDIF
Dubai Al Ain Road
Emirates Road
Tripoli Street
Al Khawaneej Road
AL WARQA
Wholesale Fruit & Vegetable Market
Emirates Road
Al Awir Road
Mushrif Park
Falcon City
Dragon Mart
DUBAÏ SILICON OASIS
INTERNATIONAL CITY
N
0
4000 m

LES IMMANQUABLES

REPÈRES HISTORIQUES

De la Préhistoire à la période Ed-Dur (0-250). Les plus anciennes traces de présence humaine qui ont été découvertes dans les émirats remontent à l'époque Paléolithique, il y a environ 135 000 ans, lorsque les premiers hommes quittèrent l'Afrique pour se rendre par la mer Rouge vers la péninsule Arabique. Des traces de présence humaine ont aussi été trouvées sur les îles de Marawah et de Dalma, remontant à la fin de l'âge de pierre (5500 av. J.-C.). La période Umm al-Nar (2700-2000 av. J.-C.) emprunte son nom aux tombes circulaires communes de l'époque. C'est un temps de progrès où prévaut l'usage du cuivre, extrait localement sur les pentes des monts Najjar, pour être transformé en bronze. Mais c'est aussi un temps marqué par les échanges avec la Mésopotamie, l'Iran, la vallée de l'Indus et la Bactriane. Plus tard, la période Wadi Suq (2000-1300 av. J.-C.) est encore plus prospère grâce à l'exploitation des ressources marines.

DUBAÏ, UNE MOSAIQUE MULTICULTURELLE

Dubaï est sans doute, avec Abu Dhabi, un des territoires les plus multiculturels et cosmopolites du monde ! Plus de 200 nationalités cohabitent sur le territoire. On dénombre 9,5 millions d'habitants dont seulement 950 000 Emiriens. Globalement, deux tiers des immigrants proviennent du sous-continent indien (Inde, Pakistan, Sri Lanka, Philippines, Bangladesh...) et un peu plus de 20 % des pays proches ou voisins (Iran, Liban, Afghanistan...). Les autres sont des expatriés occidentaux, majoritairement anglo-saxons. Ces derniers, juste derrière les Emiriens, représentent les couches les plus favorisées de la population (avec des salaires élevés, octroyés par les grandes entreprises investisseuses de leurs pays d'origine). Comme au cours des deux siècles précédents, durant lesquels les échanges commerciaux et une industrie perlière florissante avaient attiré aux Emirats de grandes communautés indiennes et persanes, ce sont bien sûr des raisons économiques qui expliquent cet état des lieux. Le développement fulgurant des grandes métropoles s'accompagne d'un besoin grandissant de main-d'œuvre et attire parallèlement un grand nombre de capitaux et d'investisseurs, séduits par le potentiel des Emirats.

Faute de suffisamment de matériaux pour faire fondre le fer, celui-ci passe au second plan pendant l'âge de fer (1300-300 av. J.-C.) mais reste prospère grâce à la mise en place d'un nouveau système d'irrigation, le *falaj*, et la domestication du dromadaire. Des inscriptions découvertes en Assyrie, laissent penser que la société de la région s'organisait autour d'un pouvoir central à la fois politique et économique disposant même de ses propres sceaux.

Portant le nom d'une ville prospère de l'arrière-pays de Sharjah, la période Mleiha (300 av. J.-C.-0) consacre enfin l'apogée d'une région affranchie de toute domination étrangère.

Tandis que Mleiha continue à prospérer et qu'Oman devient le port le plus important de la région du Golfe, la localité d'Ed-Dur (émirat d'Umm al-Quwaïn), grand centre de pêche perlière, se développe considérablement (0-250).

La période islamique et la domination portugaise. Alors qu'au cours des premiers siècles coexistent plusieurs courants religieux (paganisme arabe, christianisme...), l'arrivée dans la région des disciples du prophète Mahomet, mort en 632, sonne la conversion des habitants des émirats à l'islam.

En 1507, les Portugais s'emparent du territoire afin d'étendre leur puissance commerciale. Au milieu du XVIIe siècle, ils sont chassés par les Hollandais puis les Anglais, sans laisser d'empreinte réelle. Leur présence a duré près d'un siècle et demi.

Les Etats de la Trêve et la montée en puissance des Bani Yas. Après le départ des Portugais, de nombreux affrontements ont lieu entre les navires des cheikhs locaux et ceux des Anglais, désireux de dominer la région, d'où le surnom de Côte des Pirates. En 1833, le clan Al-Bu Falash, issu des Bani Yas, dont descend la famille Maktoum actuellement au pouvoir, s'établit dans la crique de Dubaï.

En 1853, un accord de paix définitif est signé. Il donne naissance aux « Etats de la Trêve ». Cette paix permet aux émirats de développer leur commerce maritime. Originaire d'Arabie saoudite, la grande tribu bédouine des Bani Yas s'implante dans la région et constitue un pôle économique important.

De l'essor de Dubaï au déclin de l'industrie perlière et à la quête de l'or noir. Dubaï, modeste village de pêcheurs, profite d'une situation favorable aux échanges et devient un port perlier prospère au XIXe siècle avec des équipages qui se sédentarisent. En 1920, profitant de taxes avantageuses, des marchands perses, de Bastak, s'y installent apportant leur savoir-faire architectural. Dubaï connaît alors une période glorieuse de croissance économique.

A la fin des années 1930, les Etats de la Trêve, frappés de plein fouet par la guerre, voient décliner les échanges commerciaux du marché de la perle. A quoi s'ajoutent également la concurrence du marché perlier japonais et le contexte de crise économique de 1929. La guerre favorise le vent de réformes apparu dans les années 1930. Un Majilis voit le jour et intervient dans les décisions du souverain.

En 1935, Sheikh Saïd bin Maktoum de Dubaï est le premier à passer un accord avec une compagnie pétrolière. Sheikh Rachid devient souverain en 1958.

Ce visionnaire transforme la ville de Dubaï et lui donne un nouvel essor grâce à l'essor des moyens de transports maritimes, aériens et terrestres. Avec l'aide de John Harris, urbaniste et architecte, il dessine le Dubaï Moderne. En 1966, le premier gisement est découvert off shore et permettra d'accélérer la transformation de Dubaï.

Des années 1970 à nos jours. En 1971, la Grande-Bretagne se retire définitivement du Golfe. Le 2 décembre 1971, c'est la proclamation des Émirats arabes unis, rassemblant Abu Dhabi, Dubaï, Sharjah, Ajman, Umm al-Quwaïn et Fujairah. Sheikh Zayed est élu président de ce nouvel État. Ras al Khaimah se joindra à eux deux mois plus tard. Durant les 30 dernières années, l'émirat de Dubaï s'est lancé dans des projets gigantesques à l'initiative de Sheikh Rashid, convaincu très tôt qu'une grande part des revenus pétroliers doit être consacrée à la préparation de l'après-pétrole. L'histoire récente du pays est marquée par le décès du « père » des Emirats, Sheikh Zayed, en novembre 2004, ainsi que par celui du Premier ministre, Sheikh Maktoum, fils de Rashid, en janvier 2006. Sheikh Mohammed bin Rashid al Maktoum, poursuit les grands projets de développement de la ville de Dubaï qui se tourne vers le tourisme et les services (Burj Al Arab, La Marina, Burj Khalifa, Dubai Mall, The Palm...) attirant toujours plus de voyageurs venus du monde entier. Dubaï est devenue une mégalopole multi-culturelle très sécurisée qui attire de plus en plus de personnes qui souhaitent s'y établir. L'Expo 2020 qui a attiré des millions de visiteurs marque une nouvelle étape dans l'histoire de cet émirat.

POINTS D'INTÉRÊT

BUR DUBAI ET DEIRA : À LA DÉCOUVERTE DE L'HISTOIRE DE DUBAI

La principale critique qui revient sur Dubaï concerne son patrimoine historique. Dubaï n'aurait pas d'histoire ou de patrimoine... Faux ! Non, l'émirat ne se résume pas à ses tours gigantesques et au monde du business. Pour preuve la visite de ce quartier composé de Bur Dubai et Deira. Bur Dubai permet au visiteur curieux de mieux comprendre la vie aux émirats avant l'ère du pétrole, de découvrir le quartier iranien Al Fahidi, et celui d'Al Seef et le quartier de Shindagha où les souverains et la famille royale étaient établis. De l'autre côté de la Creek où l'on se rend grâce aux petits bateaux surnommés « abras » on découvre les souks des épices, de l'or et aussi les textiles. C'est le quartier d'Al-Fahidi (anciennement nommé Bastakiya) qui incarne ce passé dont Dubaï est si fière et qu'elle préserve avec soin. Ce quartier tenait son nom – jusqu'à ce qu'il soit changé en 2012 – de la communauté iranienne « bastaki », originaire de la ville de Bastak en Iran, qui s'installa au bord de la Creek vers 1800. Les Perses, attirés par une politique de taxes avantageuse mise en place par le Sheikh, vinrent s'installer à Dubaï au XIXe siècle, et apportèrent à l'émirat leur savoir-faire architectural et commerçant participant de son développement glorieux que l'industrie perlière prospère ne fit qu'appuyer. C'est sans aucun doute le quartier le plus pittoresque et le plus riche architecturalement de la ville.

Sur le souk de Bur Dubaï.

C'est dans ce quartier que vous pourrez admirer l'architecture du fort Al-Fahidi qui fut construit pour protéger la ville des invasions et qui est aussi le bâtiment le plus ancien de Dubaï. Avant d'être transformé en site touristique, à présent en rénovation, il a servi de palais, de garnison et de prison. Plus loin en bordure de Creek, se restaure le quartier des Cheicks, Shandigha. D'ici la fin 2022, une vingtaine de nouveaux musées devraient voir le jour pour accompagner ceux existant comme le très beau musée du parfum ou celui de Shindagha. En attendant, on peut se balader le long du bras de mer et il ne faut pas manquer la visite du superbe petit musée de Sarooq al Hadeed niché au cœur du quartier et qui présente les découvertes archéologiques étonnantes d'un site perdu dans le désert. La muséologie est exceptionnelle et les objets datant d'il y a trois mille ans absolument étonnants. En prenant un *abra* (petit bateau motorisé), on traverse la Creek pour se rendre dans le quartier de Deira et s'engouffrer dans le souk des épices où l'on prendra soin de se faire expliquer en français les vertus de chacune d'entre elles avant de filer vers le souk de l'or. Pour vraiment bien comprendre Dubaï, il est indispensable de visiter Al-Fahidi, Shindagha et Deira, vous l'aurez compris... Un quartier à découvrir tous les jours sauf les vendredis et à l'heure de la grande prière.

DOWNTOWN : BURJ KHALIFA, DUBAI MALL ET SHEIKH MOHAMMED BOULEVARD

Le quartier de Downtown s'articule autour d'un grand boulevard pavé et baptisé du nom de son souverain : Cheikh Mohammed Boulevard. Il encercle l'immense Dubai Mall, l'Opéra de Dubaï et la Burj Khalifa, la plus haute tour du monde ! Ce gratte-ciel, qui s'élance de façon vertigineuse vers les cieux, mesure 828 mètres. On peut l'apercevoir depuis son hublot avant d'atterrir à Dubaï et on la voit, de très loin, sur l'autoroute quand on arrive dans le centre. C'est vraiment l'un des plus puissants symboles du gigantisme, le « sans limites » décomplexé de Dubaï. Venir à Dubaï sans visiter le Burj Khalifa c'est un peu comme venir à Paris sans se rendre au pied de la Tour Eiffel. A une différence près : la taille ! Il vous faudra empiler 2,53 tours Eiffel pour obtenir la hauteur du Burj Khalifa, baptisé ainsi pour rendre hommage au président des Emirats et souverain d'Abu Dhabi ! Depuis la plate-forme panoramique et grâce aux lunettes longue-vue, vous pourrez regarder les gratte-ciel de plus près, mais aussi avoir une vue de Dubaï au loin pour vous imaginer la ville, cinquante ans auparavant, quand il n'y avait que le désert. De son côté Dubai Mall accueille tout de même chaque année plus de 80 millions de visiteurs et offre plus de 200 points de restauration ainsi que 1 200 boutiques. Même si vous n'aimez pas le shopping XXL, une petite visite à l'aquarium, aux fontaines des plongeurs ou à la patinoire permettent de constater que Dubaï est LE temple de la consommation, du cosmopolitisme de la globalisation jusqu'à l'étourdissement ! Le boulevard qui entoure tout ce complexe permet de se plonger au cœur de Dubaï et passe devant le sublime Opéra qui est en fait plus une salle polyvalente pouvant accueillir des opéras qu'un temple érigé pour la musique classique. Des visites des coulisses et du bâtiment sont organisées tous les jours. A visiter soit au coucher du soleil si vous ne craignez pas la foule ou le matin tôt avant le déjeuner pour une visite plus au calme, tous les jours de la semaine.

BURJ KHALIFA ★★★

1 Mohammed Bin Rashid Boulevard
www.burjkhalifa.ae
events@burjkhalifa.ae
Métro : Dubaï Mall.
Ouvert de 8h30 à minuit. Billet à réserver à l'avance sur Internet pour payer moins cher. Accès au niveau 124+125 : à partir de 129 AED/adulte, 87 AED/enfant de 4 à 12 ans, gratuit pour les moins de 4 ans. Prix pendant les heures de pointe entre 16h à 18h :

LE SALUT AUX TROIS DOIGTS LEVÉS : LE LOGO DE DUBAÏ

C'est l'histoire d'un cheikh qui voulait laisser à son pays un logo pour rappeler à tous ce que sont les grandes valeurs du pays. Le salut aux trois doigts levés, connu à l'origine comme le salut patriote serbe fut présenté par Cheick Mohammed bin Rashid al Maktoum en février 2013. Le pouce, l'index et le majeur une fois levés dessinent les lettres W, V et L : initiales des mots anglais suivants *Win* (Gagner), *Victory* (Victoire) et *Love* (Aimer). Ils représentent de façon symbolique l'éthique de travail, le succès et l'amour. Une statue a immortalisé ce salut princier devant la Burj Khalifa et une autre devant le musée du futur.

209 AED par adulte et 132 AED pour les enfants. Accès 124+ 125 + 148 : Entrée spéciale et rafraîchissements offerts. A partir de 360 AED entre 19h et 22h et 460 AED entre midi et 18h. Même prix pour les enfants que pour les adultes, gratuit pour les moins de 4 ans. Attention les billets achetés au dernier moment ne sont pas toujours disponibles et peuvent être jusqu'à 3 fois plus chers. On ne peut pas acheter de billets à plus de 30 jours. La visite compte tenu des attentes peut durer jusqu'à deux heures entre le moment de votre arrivée et le retour en bas de la tour. Nous vous conseillons d'arriver 1/2 heure avant votre tour, surtout si vous avez réservé pour l'heure du coucher du soleil, heure d'affluence.

Burj Khalifa (Burj Dubai) sous la lumière matinale.

DIFC : BIEN PLUS QU'UN CENTRE FINANCIER !

On pourrait penser que le DIFC est un lieu strictement dédié aux bureaux, à la finance et aux affaires, il est en réalité bien plus que cela. On y trouve entre autres des boutiques chics et des restaurants raffinés et des galeries d'art localisées dans le Gate Village, une enclave remarquable qui combine architecture, design industriel, espaces intérieurs et jardins. DIFC, c'est aussi une ambiance City pendant la journée où il fait bon déjeuner en admirant l'effervescence des cols blancs et l'immense diversité culturelle des 15 000 employés qui y travaillent.

La nuit arrivée, le temple financier se transforme en hub branché où les Dubaïotes et les touristes se pressent pour festoyer jusque très tard dans la nuit. Côté galeries d'art, celles de DIFC sont haut de gamme et présentent une grande variété artistique et culturelle. De très grandes galeries d'art contemporain y ont pris leurs quartiers, certaines d'entre elles y organisent même des ventes aux enchères. Seconde plateforme artistique de Dubaï après Al Qhoz, le DIFC a, de toute évidence, un caractère plus commercial que ce dernier. Deux fois par an, DIFC Gate Village héberge un événement très populaire, Art Nights : des soirées inspirantes et animées mêlant vernissages d'exposition, conférences et rencontres artistiques, projections, performances et musique live. Les Art Nights rassemblent les amateurs d'art dans une atmosphère chic et à la mode. L'accès à ces soirées est gratuit et ouvert au public. Un lieu surprenant à visiter pendant la semaine à l'heure du déjeuner ou en week-end la nuit !

LE LITTORAL DE JUMEIRAH ET LES PLAGES

Inaugurée fin 2014, suite à des travaux de près de 100 millions de dirhams, la Jumeirah corniche répond à une demande directe de Son Altesse Cheikh Mohammed bin Rashid Al Maktoum, vice-président, Premier ministre des E.A.U. et souverain de Dubaï. Elle longe le littoral sur 14 km entre le Burj al-Arab et le Dubai Marine Beach Resort & Spa (non loin de la mosquée de Jumeirah), et traverse six quartiers résidentiels et de nombreuses plages publiques. Dotée d'un sentier pédestre et d'une piste de jogging d'une largeur totale de 5 mètres, elle est bordée sur tout son long par d'infrastructures gratuites pour les baigneurs (espace pour se changer, toilettes, wifi gratuit) ainsi que par divers cafés et restaurants. Principalement destiné aux sportifs et aux familles, cet espace récréatif était fort attendu des aficionados des sports de plein air, puisqu'en plus du jogging et de la marche, on peut s'adonner à tous les sports d'eau et de plage tels que le kitesurf, le Jet-Ski, la nage, le kayak, etc. Si, sur le papier, la piste

LES EMIRATS ET LE POUVOIR

Le Conseil suprême rassemble les souverains des sept émirats, qui élisent parmi eux et pour une durée de cinq ans les dirigeants exécutifs des Emirats arabes unis. Le président est Cheikh Khalifa bin Zayed Al Nahyan, émir d'Abu Dhabi, tandis que le vice-président de la Fédération et Premier ministre est Cheikh Mohammed bin Rashid Al Maktoum, émir de Dubaï. Le Conseil des ministres comprend 32 membres issus des 7 émirats et nommés par le Premier ministre (dont 9 femmes en 2018). Le Conseil national fédéral est composé de 40 membres représentant les émirats au prorata de leur population, dont la moitié sont élus et l'autre moitié choisie par un collège électoral. Il a un rôle essentiellement consultatif : il examine et amende les projets de lois fédérales, discute le budget annuel et peut interroger les ministres sur leurs activités. Les femmes y sont également bien représentées : au nombre de huit, dont la présidente, elles forment actuellement 20 % de l'effectif.

Le pouvoir judiciaire fédéral. Totalement indépendant, conformément à la Constitution, il comprend la Cour suprême fédérale et les tribunaux fédéraux de première instance. Il vérifie la conformité constitutionnelle des lois fédérales et arbitre les conflits entre émirats, ainsi que les litiges pouvant survenir entre le gouvernement fédéral et l'un des émirats.

Gouvernement fédéral et gouvernement local. Le système politique des Emirats arabes unis se caractérise par la coexistence du gouvernement fédéral avec un gouvernement local pour chaque émirat. La Constitution régit les rapports entre ces deux instances, prévoyant la possibilité d'une certaine souplesse quant à la répartition des pouvoirs.

longe la plage sur 14 km, en réalité, elle est entrecoupée par des petits ports de pêche qui obligent la piste à dévier dans les rues derrière. Elle s'arrête également à un endroit pour laisser place au niveau canal (qui relie la Creek au golfe Persique en passant par Business Bay) et au Four Season Resort. Voici les points d'intérêt situés le long du littoral de Jumeirah corniche en partant du Burj al-Arab :

- **Sunset Beach,** sans doute la plage la plus photographiée de Dubaï grâce à sa proximité avec l'hôtel emblématique Burj Al Arab ; c'est aussi l'une des plus fréquentées.
- **Umm Suqeim 2 Fishing Harbour,** l'un des petits ports de pêche où l'on trouve notamment des loueurs de bateaux et de Jet-Skis, et des cafés-restaurants avec de sympathiques terrasses donnant sur le port.

IDÉES DE BALADES LE LONG DU LITTORAL À L'AUBE OU AU COUCHER DU SOLEIL

Pour les inconditionnels de la marche qui aimeraient se détendre les gambettes après trop de voiture et de centres commerciaux, voici trois promenades qui enchanteront les amoureux de la marche à pied :

- Le long du Canal : pour marcher le long du canal, prendre l'ascenseur situé au-dessus du pont qui l'enjambe sur Jumeirah Road. 3 km aller pour rejoindre au fil de l'eau la Sheikh Zayed et admirer une vue superbe sur les gratte-ciel de Downtown et Business Bay. Nous vous la recommandons au coucher du soleil, ou tôt le matin. Pour la petite anecdote vous trouverez des prises pour charger vos portables tous les 50 mètres. Photos superbes à prendre.
- Le long des plages de Umm Suqueim. 7 km de marche en partant de la plage située à droite de Burj Al Arab. Vous pouvez marcher sur la piste aménagée à cet effet. Parfois, le circuit contourne la mer pendant quelques centaines de mètres, mais la balade est très agréable tôt le matin. Si vous souhaitez admirer le coucher du soleil, sachez qu'il se retire derrière le Burj al Arab et que donc il vaut mieux la commencer 1 heure avant pour l'avoir plein cadre sur le chemin du retour. Depuis peu, une nouvelle piste cyclable de 16 km court parallèlement à la piste piétonne. Grâce aux stations de vélo partagé situé tout au long du parcours, il est possible de louer une bicyclette et de parcourir tout le littoral.
- Le long des plages de Jumeirah 2 et 1 : au moment du coucher du soleil, partir du Fish Harbor 1 et marcher en ayant le littoral sur votre gauche en empruntant la piste aménagée. La balade passe devant le Mandarin Oriental et arrive vers le complexe de La Mer. Environ 4 km. Une autre possibilité est de partir du Fish Harbor 1 dans la direction opposée, de franchir le parking et prendre le pont qui amène vers l'île de Jumeirah où se trouve l'hôtel Bulgari. La vue depuis le pont sur les gratte-ciel est saisissante surtout au lever et au coucher du soleil.

- **Kite Beach,** la plage la plus animée et la plus sportive où le kitesurf a la part belle, mais où l'on pratique aussi le beach-volley, le paddle et le beach-tennis. De nombreux points de restauration ont élu domicile ici, dont SALT, le food-truck favori de la famille royale, mais aussi des toilettes, des douches et la possibilité de louer un matelas, une ombrelle.
- **Umm Suqeim 1 Fishing Harbour,** petit port de pêche qui possède un marché au poisson plus petit que le très connu marché aux poissons de Deira, mais tout aussi sympathique, où les pêcheurs vendent leur prise du jour. On y trouve également quelques restaurants.
- **Nessnass Beach,** aussi connue sous le nom de Sunset Mall Beach, ne comporte presque aucun aménagement mais est plus calme que les plages citées précédemment. Un endroit idéal pour commencer à marcher en direction de Burj al Arab ou pour prendre un café au calme.

C'est après cette plage que la piste s'arrête pour laisser place au canal et au Four Seasons. Elle reprend ensuite en passant par les points d'intérêts suivants :

- **Jumeirah 1 Fishing Harbour,** dernier petit port de pêche de la corniche face au Bulgari Hotel & Resort, celui-ci est pourvu de plusieurs très bons restaurants et d'un loueur de Jet-Skis, le Français Steven Dauliach, 7 fois champion du monde.
- **La Mer,** au bord de mer développée par Meeras. Boulevards bordés de palmiers, plage de près de 2,5 km, restaurants et boutiques longent cette belle promenade. Jeux nautiques, douches, wifi, c'est la plage familiale de Dubaï.

LE QUARTIER DE SUFOUH : SOUK MADINAT JUMEIRAH ET BURJ AL ARAB

C'est avec le Burj Khalifa, l'autre symbole fort de Dubai. Un immanquable pour quiconque visite la ville. Telle une grande voile blanche d'un bateau traditionnel gonflée par les vents du golfe, le Burj Al Arab s'élève à 321 m au-dessus des flots sur son île artificielle plantée à 280 m de la côte. Appelé à dessein la « Tour des Arabes », l'édifice vise à affirmer la puissance de l'émirat, symbolisant l'esprit de conquête permanent des Dubaïotes sur le monde, comme au temps des conquistadors en quelque sorte. Rien n'a été laissé au hasard dans la construction de cette tour géante. Le bâtiment a été réalisé de manière à ce que son ombre ne couvre pas la plage. Mais pourquoi sur une île artificielle ? C'est parce que l'architecte du Burj voulait que l'édifice ait l'air d'émerger de l'eau, alors on décida de construire une île, à 270 m au large de la plage de Jumeirah. Eh oui, à Dubaï, les rêves les plus fous sont réalisables ! Les ingénieurs eurent ainsi la lourde tâche de trouver une solution pour que l'île soit résistante à l'érosion de la mer. Elle fut donc entourée d'éléments anti-vagues, en béton, s'élevant à 7,50 m au-dessus de l'eau. Pour que le sable situé en sous-sol ne menace pas les fondations, les ingénieurs construisirent aussi un rempart en acier qui descend à 20 m de profondeur et une couche d'isolation en béton. La tour hôtel, construite par des Sud-Africains d'après les plans du Britannique Tom Wright, fut inaugurée en 1999. La construction de ce bâtiment pharaonique prit 6 ans au total. C'est l'un des hôtels considérés comme le plus luxueux du monde et certains s'amusent à dire que c'est le seul 7 étoiles de la planète, même si ce titre n'a jamais été officialisé. Rien à dire, la « Tour des Arabes » répond bien à son destin de bâtiment iconique, inséparable de Dubaï comme le Burj Khalifa. Avec 24 000 m² de marbre, 1 600 m² de feuilles d'or 24 carats, un atrium intérieur de 180 m de haut, huit restaurants, un aquarium géant, des chambres de 170 m² minimum – toutes en duplex – servies par une moyenne de 8 employés, un menu d'oreillers à 17 choix, un Spa sublime avec des bains romains colorés, des fontaines pilotées par fibre optique, 28 000 lampes pour l'éclairage nocturne, un héliport circulaire suspendu sur lequel les clients peuvent aussi jouer au tennis, deux Rolex géantes suspendues à l'entrée, 18 ascenseurs dont 2 panoramiques, le Burj est un hôtel incroyable, unique au *mooooooooonde*. Telle une ruche cellulaire pour milliardaires russes fantaisistes, cette tour n'en finit pas de fasciner les visiteurs du monde entier. Pour dormir sur place, c'est hors de prix mais vous pourrez découvrir le Burj Al Arab en réservant un dîner dans l'un de ses restaurants, dont Salt près de la piscine ou en venant prendre un verre au bar. Ne manquez pas d'aller faire un tour au Burj al Arab lors de votre séjour dans l'émirat pour avoir une vraie idée de la démesure dubaïote dans cet hôtel aux qualités et aux dimensions hors normes, qui reste inégalé à tous points de vue grâce aux tours payants qu'ils organisent.

BURJ AL ARAB ★★★

Jumeirah Road
✆ +971 4 301 7777
www.insideburjalarab.com
baainfo@jumeirah.com
90 min visite de l'hôtel. Réservation sur le web avant. Point de rencontre : « Inside Burj Al Arab Ticket lounge ». Formules : matinée, journée, coucher du soleil, soirée. Adulte : 249 AED. De 5 à 12 ans : 99 AED, Famille 2 adultes + 2 enfants : 599 AED. De 1 à 4 ans : 150 AED pour 2 h au kids club. Supplément pour boisson et grignotage à choisir à la réservation.

Burj Al Arab.

LA PALM PAR AIR, TERRE OU MER

Les îles artificielles de Dubaï ont permis au petit émirat de gagner 70 km de côte. L'idée de construire une palme, arbre hautement symbolique des oasis des émirats a aussi permis de maximiser l'espace. 5,6 km² et deux kilomètres de long pour le tronc principal où se dressent des immeubles abritant 6 000 appartements tandis que 16 palmes viennent abriter les 1 500 villas. La Palme est couronnée par une autre île artificielle en forme de demi-cercle qui la protège des intempéries et a permis à de nombreux hôtels de luxe de s'y installer dont le fameux Atlantis. 40 000 travailleurs ont œuvré pendant les six ans de travaux commencés en 2001. La construction fut assurée par le bureau de promoteurs Nakheel dont le nom signifie Le Palmier.
Comment la découvrir ? Plusieurs pistes :

- **Au Palm View :** C'est le nouvel observatoire très réussi qui surplombe la Palm à 240 mètres de haut. Aussitôt ouvert, c'est devenu une des attractions les plus courues, tant la vue à 360° est époustouflante : c'est aussi la seule façon de pouvoir surplomber l'île artificielle. A ne pas manquer !

- **En sirotant un verre** depuis l'observatoire du Marriott de la Marina qui est le seul hôtel à offrir une vue époustouflante sur la Palm ! A couper le souffle sans risques.

- **Par le monorail :** long de 5 kilomètres (9h-22h, A/R 30 AED) transporte des milliers de personnes à l'heure. En 5 minutes chrono, vous êtes pris sur la côte et déposé aux abords de l'Aquaventure de l'Atlantis. Depuis la cabine, on observe tranquillement le paysage en survolant (littéralement !) la palme, ce qui permet de mieux comprendre comment s'organise Palm Jumeirah. Installez-vous à l'avant, sur les premiers sièges : c'est là que vous aurez la meilleure vue, car il n'y a pas de conducteur, et rien ne gênera votre contemplation du paysage. Un moyen de transport original et ludique, et d'autant plus facile à attraper que l'on peut laisser sa voiture au parking géant de la gare de départ.

- **Par bateau :** de multiples prestataires vous proposent des excursions de 45 minutes pour s'en approcher mais à quel moment de la journée le faire et avec qui ? Nous vous recommandons le matin avec les excursions en Jet-Ski organisées par Searide ou au soleil couchant avec les yellow boats : mémorable !

- **En plongeant** dans le vide à 4 200 m au-dessus de la Palm Jumeirah est une expérience inoubliable. Les parachutistes confirmés vous diront tous que ce *spot* fait partie des plus beaux de la planète pour sauter ! Aucune hésitation à avoir si cette expérience vous tente. Il est vivement recommandé d'opter pour le package avec vidéo incluse pour pouvoir revivre ce moment unique. Pour ceux qui ne seraient pas prêts à franchir le cap du grand saut, le gyrocoptère, sorte de mini-hélicoptère pour deux, vous fera survoler la Palm et le Burj al-Arab.

- **Dans une capsule :** dans L'œil de Dubaï, dit aussi Ain Dubai, situé sur la nouvelle île « Bluewaters », les eaux bleues. À 250 mètres de hauteur, cette roue est la plus grande au monde avec 48 capsules de luxe, et les visiteurs apprécieront certainement la vue à 360° sur la ville pour un voyage d'une quarantaine de minutes.

PROFITER DE LA DOLCE VITA ÉMIRATIE SUR LA DUBAI MARINA

Comme il est agréable de se promener à la Dubai Marina ! Il y flotte comme un air de vacances sur la Côte d'Azur... Au pied d'une centaine de gratte-ciel, le long d'une belle promenade au bord de l'eau se succèdent restaurants, cafés, bars à shisha aux grandes terrasses aménagées.

On peut y lézarder des heures tout en dégustant un bon thé à la menthe ou un cocktail rafraîchissant. A la nuit tombée, la promenade se pare de lumières au moyen de guirlandes lumineuses, et on se croit alors sur une marina de Los Angeles à Noël. Tandis que les cocotiers lumineux laissent songeur, la brise du soir adoucit un peu plus l'atmosphère, après la forte chaleur de la journée. C'est le moment d'aller dîner dans l'une des nombreuses tables au bord de l'eau et de se régaler de grillades ou de fruits de mer, en regardant passer quelques bateaux de plaisanciers venus admirer la Dubai Marina by night.

Comment imaginer que cette marina qui vous envoûte a été totalement faite par l'homme. On est encore dans un paradis artificiel dubaïote et ça marche ! Concrètement, la marina, commencée en 2003, s'articule autour d'un canal d'à peu près 100 mètres de large creusé parallèlement au littoral à environ 600 mètres. Ce canal est relié au Golfe par deux coudes situés à chaque extrémité. Mais la marina c'est aussi une zone résidentielle où s'agglutinent 200 gratte-ciel. Cette partie de la ville est très prisée par les jeunes actifs expats de Dubaï qui n'ont pas peur de vivre dans les hauts étages de ces tours et qui aiment l'animation de ce quartier. Vous en croiserez d'ailleurs sûrement quelques-uns pendant leur séance de footing sur la promenade...

DÉCOUVRIR DUBAÏ EN MÉTRO

Découvrir Dubaï en métro est certainement une bonne idée pour échapper aux embouteillages et découvrir les monuments emblématiques de la nouvelle ville sans stress. C'est aussi une excellente manière de se mêler à la population dubaïote multiculturelle. Lancé en 2009, il a accueilli depuis plus d'un milliard de passagers. Le métro aérien automatique de Dubaï compte deux lignes distinctes, la rouge et la verte pour un total de 89 km soit le plus long système ferroviaire sans conducteur du monde.

La réalisation est japonaise et le pilotage électronique français by Thalès. Chaque train emporte au maximum 650 passagers assis et debout à une vitesse de pointe de 90 km/h, avec trois catégories de confort, Silver Economie, Gold Première et Femmes. Bien sûr ces dames sont autorisées à monter dans les wagons « normaux ». Un zonage distingue les catégories tarifaires. 2 lignes sont ouvertes pour l'instant qui offrent des trains toutes les 4 minutes en heures de pointe et toutes les 7 minutes en heures creuses.

Le métro de Dubaï se distingue aussi d'un point de vue architectural. Sur la ligne rouge, les stations sont principalement aériennes tandis que la ligne verte est essentiellement souterraine. Le design des stations, reconnaissables par leurs façades en aluminium doré, représente une coquille d'huître en hommage aux perles du passé.

5 thèmes déclinés en code couleur viennent aménager l'intérieur des stations : l'héritage culturel symbolise l'histoire des Emirats, la terre symbole de force représente le Dubaï urbain et moderne dans des tons bruns. Le bleu-blanc de l'eau représente les valeurs de Dubaï et ses succès. Le vert des stations représentant l'air symbolise le bonheur de ceux qui y habitent et la joie des touristes. Enfin, le rouge orangé des stations dont le thème est le feu représente l'énergie, la vigueur et la force déployées par les dirigeants du pays. Tout un programme et un concept qui ont permis à la station de la ligne verte Bur Juman d'être élue la 5e station la plus belle du monde. C'est un véritable petit musée à la gloire de l'histoire de l'émirat. Des photos en noir et blanc, et des chandeliers (si si !) représentant des méduses font de cette station un must pour tous les touristes ! Moins romantiques sont les noms attribués aux stations de métro qui découlent de collaborations entre certaines entreprises privées et le gouvernement de Dubaï comme Damac Properties, UAE Exchange par exemple. Pour parcourir la ville en métro, nous recommandons surtout la ligne rouge. S'installer dans le wagon de tête et en Première permet de faire des photos superbes tout en découvrant la ville sans les embouteillages. Le WiFi est accessible dans toutes les stations. Ajoutons que la Société de gestion du métro recycle 80 % de l'eau utilisée pour entretenir ses trains !

Ligne rouge : la ligne part de Rashidiya (Jebel Ali) jusqu'à UAE Exchange. L'extension dénommée « Route 2020 » qui relie UAE Exchange à Expo 2020 a été ouverte en janvier 2021 pour accéder au site de l'exposition universelle et comporte 7 nouvelles stations. La section sur la Sheikh Zayed est à recommander à tout visiteur car le métro est aérien et offre de très belles vues. Seules 9 stations sont souterraines (5 stations des 7 nouvelles de l'extension sont souterraines). 36 stations parcourent les 67,1 km de cette ligne.

Ligne verte : on peut passer de la ligne rouge à la verte à la station Union Metro Station et la très belle station Bur Juman. La ligne verte se situe dans le vieux Dubaï. Elle relie la station Etisalat dans le quartier de Al Qusais jusqu'à la Creek métro station en traversant ainsi les quartiers de Deira et Bur Dubaï. Elle comprend 20 stations qui parcourent 18 km.

LE DÉSERT AUX PORTES DE LA VILLE

Tout près de la ville, à une toute petite soixantaine de kilomètres en allant vers le sud, le Rub al-Khali et ses dunes orangées s'alanguissent le long de la route reliant Dubai à Al-Aïn. Ce désert, dont le nom signifie « Quart vide », est la plus grande étendue de sable ininterrompue au monde. Il fut autrefois traversée par l'explorateur et écrivain Wilfred Thesiger. Dans l'émirat de Dubaï, il est divisé en deux parties distinctes : une partie ouverte à tous où les Emiriens en week-end aiment venir en bande pour grimper les plus hautes dunes avec leurs 4 x 4 vrombissants ; et une partie qui demande un peu plus d'efforts pour la visiter puisque c'est un parc national (le premier des Emirats) et qu'il faut montrer patte blanche à l'entrée, en passant par une agence habilitée (cinq au total) ou en résidant dans le luxueux eco-lodge al Maha Desert Resort & Spa qui se trouve à l'intérieur.

RUB AL KHALI

Rub Al Khali, qui en arabe signifie le *Quart vide*, est la plus grande étendue de sable du monde. C'est une véritable mer de dunes qui couvre l'Arabie saoudite, le Yémen, l'Oman et les Émirats arabes unis. Sa superficie de 650 000 km^2 est plus grande que la France.

LES COULEURS DU SABLE

Blanches près de la mer et ocre dans le désert, les dunes se teintent selon un phénomène géologique bien expliqué :

- **L'ocre** est une roche ferrique composée d'argile et naturellement colorée par des oxydes de fer qui se fixent sur les grains de quartz et donnent cette couleur si belle aux dunes de Liwa. Plus le sable est vieux, plus il est rouge, car plus il est oxydé.
- **Le sable blanc** autour des côtes est le résultat de l'érosion des coquillages et des coraux qui tapissent les fonds marins et de la présence d'une grande quantité de sel.

LES DUNES DU RUB AL KHALI SONT DES BARKHANES

Ces dunes à l'aspect de croissant allongé ont toutes la même morphologie et indiquent la direction du vent. Les grains de sable soulevés par le vent remontent la pente du dos de la dune jusqu'à la crête pour dévaler son versant le plus raide. Ce phénomène fait même avancer la dune assez vite car une dune de 3 mètres peut avancer de 5 mètres par an. Les dunes se déplacent à une vitesse inversement proportionnelle à leur taille.

Peuplée d'oryx et de gazelles du désert, la Dubai Desert Conservation Reserve représente quasiment 5 % de la surface totale de l'émirat avec ses 225 km² de dunes ondulantes. Il va sans dire qu'une excursion dans le désert, quelle que soit la formule choisie, est un moment marquant de toute visite à Dubaï et nul voyage dans cette ville ne serait complet sans cela.

AL MAHA, A LUXURY DESERT RESORT & SPA***

Al Ain Road
✆ +971 4 832 9900
www.marriott.com
Villas à partir de 4 000 AED.

DUBAÏ, VILLE DE DESIGN ET DE GALERIES AVANT-GARDISTES

Non Dubaï n'est pas seulement la ville du business, c'est aussi la ville de l'art contemporain ! Les galeries d'art sont en plein boum dans l'émirat et l'art, dit islamique ne s'est jamais aussi bien porté !
La forte fréquentation des salons Art Dubai et Dubai Designe Week, qui ont lieu chaque année, ne font que confirmer cette tendance. Dubaï figure désormais parmi les grandes villes qui comptent sur le marché de l'art. C'est dans le quartier du DIFC ainsi que dans la zone industrielle d'Al Quoz, qui réunit une trentaine de lofts galeries, que la création contemporaine est en plein bouillonnement. Ces galeries, immenses et design, sont installées dans d'anciens entrepôts réaménagés. Même si Al Quoz n'a pas la splendeur habituelle de Dubaï, en raison de son aspect un peu brut de décoffrage, c'est vraiment le creuset de la scène artistique de Dubaï. On y découvre des œuvres de jeunes artistes de la région. Les galeries telles qu'Art Sawa, Ayyam Gallery et The Empty Quarter au DIFC et les galeries Isabelle Van Den Eynde, Lawrie Shabibi, l'atelier d'Al Seef, Carbon 12, The Third Line, Custot, 1X1, Grey Noise valent le déplacement.

PERDRE LA TÊTE DANS LES PLUS GRANDS MALLS DU MONDE

Plus de 90 malls rivalisent de somptuosité et d'inventivité pour attirer la clientèle. Ce sont de véritables petites villes où l'on passe la journée bien couvert notamment pendant la saison chaude car toutes les galeries sont ultra climatisées. Ces malls proposent des milliers de boutiques avec des marques du monde entier, notamment des marques françaises de luxe recherchées comme Dior ou Chanel. Tous proposent également de multiples services : un *food court* avec des restaurants de tous les styles, un Fun City où l'on peut laisser les enfants, des parcs d'attractions, des salons de coiffure ou de manucure, des salles de prière, des pistes de ski, des patinoires... C'est vraiment à chaque fois une mini-ville dans la ville dont on a bien du mal à sortir. Une sorte de Disneyland pour adultes terriblement addictif. Le Dubaï Mall, le plus grand mall du monde, est sûrement le plus représentatif à ce titre : 1 200 boutiques, 200 restaurants, un aquarium géant, une patinoire, un souk de l'or, un souk dédié aux chaussures, un multiplexe de 22 écrans, les premières Galeries Lafayette du Moyen-Orient... De quoi faire pendant des heures et des jours entiers ! Il vous sera d'ailleurs bien difficile de ne pas vous perdre dans le Dubaï Mall lors de votre première visite, même équipé du plan. Le ratio surface commerciale/nombre d'habitants est quatre fois plus élevé à Dubaï qu'aux Etats-Unis et huit fois plus qu'en Europe. Le Shopping Festival de janvier attire quelque 4 millions d'acheteurs. Pour les professionnels, Dubaï se classe au deuxième rang mondial des plates-formes de boutiques, derrière Londres, devant Paris. Les ventes réalisées représentent 30 % du PIB de Dubaï.

ADMIRER L'INCROYABLE ARCHITECTURE DUBAÏOTE

Les passionnés d'architecture seront aux anges à Dubaï ! Le ravissement est permanent. L'ancien se juxtapose au récent, l'ultra-contemporain au plus classique, et certains édifices osent même un mélange des genres en reproduisant l'architecture arabe traditionnelle, transformant Dubaï en une vitrine de concepts architecturaux postmodernes ! Les bâtiments du patrimoine national font l'objet d'un vaste plan de sauvegarde et de réhabilitation. Globalement, les édifices anciens traditionnels se répartissent en 4 groupes : les monuments religieux (mosquées), les ouvrages défensifs (châteaux forts, citadelles, tours de garde), les espaces commerçants (souks) et les demeures traditionnelles. Les anciens habitants du territoire de Dubaï utilisèrent principalement les matériaux disponibles sur place pour la construction de leurs maisons et bâtiments : branchages, fibres de palmier, gypse, pierre corallienne, mais aussi blocs de calcaire joints entre eux par de la boue. Quant à l'architecture moderne, elle est devenue la marque de fabrique de Dubaï. Tours immenses et profilées (Emirates Towers), gratte-ciel surmontés d'une boule géante (Etisalat Building), monolithe de forme triangulaire (Dubai Chamber of Commerce and Industry), bâtiment en forme de gigantesque vague (Jumeirah Beach Hotel), tour à vent démesurée (le Fairmont), voile gonflée par le vent (Burj Al Arab), flèche vertigineuse (Burj Khalifa), etc., les exemples d'architecture audacieuse et futuriste ne manquent pas. Grâce à leur pouvoir financier, les Cheikhs ont pu attirer chez eux les meilleurs designers et constructeurs du monde, auxquels ils donnent souvent carte blanche. En résulte un style cosmopolite éclectique, sans véritable ligne directrice, et riche de cette particularité.

RESTO

Tout est là à la portée des papilles, à toute heure et décliné dans tous les styles. Les plus de 9 600 enseignes sont autant d'offres culinaires qui font écho à la personnalité de Dubaï : Excessive !

On passe du très branché Zuma, dans le quartier de DIFC, à la cuisine péruvienne fusion, du très chic Coya installé au 4 Seasons, pour se retrouver à quelques enjambées au milieu des food trucks colorés et éparpillés le long des plages du littoral de Jumeirah. Entre les deux, et souvent à des prix raisonnables, les cuisines orientales si généreuses d'Irak, de Syrie, d'Afghanistan, du Liban et d'Iran dominent. Les amateurs de houmous ou de moutabel seront ravis !

Dans cette immense mondialisation culinaire dubaïote, une cuisine locale subsiste et quelques restaurants comme Al Fanar permettent de goûter aux plats émiriens. Parmi les plats traditionnels, vous trouverez le très aromatique Saloona (pot-au-feu local), le Majboos poulet ou poisson (riz, oignons, zestes de citron, cardamome, muscade) ou le Harees, sorte de bouillie obtenue par la caisson très lente et à basse température de viande mélange avec de la semoule de blé. Pour les desserts on retrouve les lukeimat, petits beignets frits recouverts de sirop de dates. Concernant la provenance des produits, seuls les poissons, les dattes et quelques légumes des fermes proches des oasis peuvent être considérés comme produits à Dubaï. Parmi les quelques traditions locales, laissez-vous tenter par le café parfumé à la cardamome, parfois au safran ou à l'eau de rose, jamais sucré et toujours servi avec une date. C'est le moment d'essayer toutes les spécialités à base de lait de chamelle et bien sûr la citronnade mentholée qui deviendra vite une amie précieuse pour se rafraîchir. Le vendredi midi est consacré aux brunchs pantagruéliques, véritable institution dubaïote. Quant à l'alcool, vous n'en trouverez que dans les restaurants et bars d'hôtels ainsi que dans quelques souks qui profitent d'être rattachés à des hôtels situés à proximité, comme le Souk al Bahar dominant les fontaines du Burj Khalifa et le Souk Madinat Jumeirah sur Sufouh Road.

SHOPPING

Dubaï c'est vraiment le paradis du shopping ! Autant vous prévenir, votre carte bancaire va chauffer et vos économies vont fondre comme neige au soleil. Absolument tout est fait pour que vous consommiez et il vous sera bien difficile de résister à la tentation... Vous pouvez faire du shopping vraiment partout et presque à toute heure, essentiellement en raison de l'omniprésence des *malls* qui sont ouverts en continu jusqu'à 22h et, même plus tard le week-end. A chaque fois, ce sont des milliers de boutiques qui s'offrent à vous et vous trouvez de tout : des vêtements de toutes les marques et parmi les meilleures du monde, des chaussures de tous styles, de l'électronique, des supermarchés, des articles de maroquinerie, des boutiques de luxe... En somme, la vraie question serait plutôt de savoir : que ne peut-on pas acheter dans un *mall* à Dubaï ? Nous y avons longuement réfléchi et, en dehors de l'alcool, nous n'avons pas trouvé d'article introuvable ou oublié. Un chiffre est éloquent : Dubaï dispose d'un ratio surface commerciale/nombre d'habitants quatre fois plus qu'élevé qu'aux US et 8 fois plus qu'en Europe. Pour les professionnels, Dubaï se classe au deuxième rang mondial des plates-formes de boutiques, derrière Londres.

En ce qui concerne les bonnes affaires à faire sur place, sachez que les prix sont sensiblement les mêmes qu'en France. La seule période à laquelle vous pouvez espérer réaliser quelques économies sur vos achats, c'est vraiment pendant le fameux DSF (Dubaï shopping festival, entre le 26 décembre et le 28 janvier) et le DSS (Dubaï summer surprises entre juillet et août) qui est en fait la période des soldes à Dubaï. Autre endroit où vous pourrez faire de bonnes affaires : le souk de textiles de Bur Dubaï et le souk couvert de Deira. Le marchandage est bienvenu, cependant, la qualité des produits est souvent *made in China*, exception faite pour les couturières en herbe qui trouveront leur bonheur dans les merceries et marchands de tissus.

Enfin nous tenons à tordre le cou à une rumeur qui a la dent dure : non, les appareils électroniques ne sont pas moins chers à Dubaï. Un de vos proches vous demandera avec insistance de vous ramener le dernier smartphone, persuadé que ces produits sont hors-taxes, et peut-être aviez-vous le secret espoir de dénicher l'affaire du siècle sur place pour vous-même... Eh bien non, tenez-le vous pour dit : les prix sont les mêmes qu'en France. Nous avons fait le tour de toutes les boutiques électroniques sur place, et avons même tenté notre chance une dernière fois au Duty free de l'aéroport. Les prix affichés n'étaient jamais plus bas qu'en France... Pire, ils étaient même parfois plus chers !

QUE RAPPORTER DE SON VOYAGE ?

Excepté les vestiges de l'artisanat bédouin, qui consistait essentiellement en tressage des feuilles de palmier et des poils de dromadaires, il n'existe que peu de souvenirs issus de tradition artisanale mais si vous les chercher vraiment, il faut se rendre au Centre culturel de Sheikh Mohammed for cultural understanding dans le quartier historique Al Fahidi ou à la mosquée de Jumeirah. On peut aussi ramener des chocolats ou du savon au lait de chamelle, des coffrets de la boutique Gallery One (présente dans les souks du Dubaï modernes et quelques centres commerciaux), une poignée de sable du désert, des épices ou des boutons de fleurs achetés au souk des épices, de l'encens venu d'Oman, de l'oud pour parfumer la maison ou une boîte de dattes sèches de chez Al Bateel. Côté vêtements, mieux vaut se rendre dans les centres commerciaux pour trouver les *ghutra* (foulards portés par les hommes sur la tête et son cercle noir qui maintient en place le tissu sur la tête) qui peuvent très bien se convertir en belles écharpes. On les trouve dans plusieurs couleurs et matières.

L'*abaya,* à savoir la longue robe noire émirienne que les femmes enfilent par-dessus leurs vêtements, peut aussi être une jolie idée de cadeau souvenir d'autant que certaines sont ornées de fils d'or, d'argent ou brodées de perles. Mais attention les prix des *abayas* peuvent flamber ! Et prenez garde si vous décidez de l'acheter dans les souks plutôt que dans une enseigne d'un centre commercial. En effet, regardez bien le tissu pour ne pas vous retrouver avec de la matière synthétique de mauvaise qualité. On peut aussi ramener des livres comme celui de Cheikh Mohammed, *Réflexions sur le bonheur et la Pensée positive, De la pauvreté à la richesse*, ou encore le *Diary of a Parisian in Dubaï* qui raconte, avec beaucoup d'humour et de belles illustrations, les aventures de Sabine Blanchard, parisienne fraîchement débarquée aux Emirats.

SORTIR

Les nuits dubaïotes sont toujours très animées et les fêtards pourront sortir tous les soirs. Cependant, il n'est possible de faire la fête que jusqu'à 2h du matin, sachant que le week-end la plupart des bars et clubs sont ouverts jusqu'à 3h du matin. Oubliez les *afters*, il n'y en a pas. Si vous voulez faire la fête jusqu'au petit matin, il faudra aller chez des amis désireux de poursuivre la soirée dans leur salon. Mais en dehors de cette petite contrainte

DROGUE = DANGER

La récurrence des arrestations de ressortissants français pour détention de produits stupéfiants doit conduire les voyageurs à accorder la plus grande importance aux conseils suivants : l'importation, la consommation, la production ou la détention de stupéfiants (résine de cannabis, haschich, marijuana, héroïne, cocaïne) ou de substances considérées comme stupéfiants (un précédent avec un médicament contenant de la codéine), même en quantité infinitésimale (de l'ordre du milligramme) sont totalement interdites et sévèrement punies.

Les personnes prenant des médicaments comprenant ces substances doivent impérativement se munir d'un certificat médical afin de pouvoir justifier que les médicaments emportés aux EAU sont nécessaires au traitement d'une infection et que les quantités sont proportionnées aux prescriptions du médecin.

Les ressortissants français résidents, mais également en transit, aux aéroports de Dubaï et d'Abu Dhabi peuvent être arrêtés par la police émirienne anti-drogue. La garde à vue est d'un minimum de 48 heures et peut être prolongée jusqu'à 15 jours.

La police spéciale émirienne anti-drogue défère inéluctablement les prévenus à la justice sous une inculpation de nature criminelle, le trafic de drogue étant un crime placé dans la hiérarchie des infractions au même rang que le meurtre, le vol et le viol. Les pénalités légales sont appliquées avec une très grande rigueur : le fait de consommer ou de détenir sur soi des produits stupéfiants quels qu'ils soient et quelle que soit la quantité détenue, entraîne une peine de quatre à dix ans d'emprisonnement pouvant être portée à quinze ans pour circonstances aggravantes ou récidive. Les personnes qui facilitent l'usage de la drogue par fourniture de locaux encourent cinq années d'emprisonnement. Les trafiquants encourent la peine capitale. Les personnes susceptibles de fournir des renseignements et qui ne le font pas peuvent être poursuivies pour complicité. « L'appel au civisme » est encouragé par une prime de 200 000 dirhams.

Source : www.diplomatie.gouv.fr

d'horaires qui agacera les fêtards impénitents habitués à se déhancher sur le *dancefloor* jusqu'à pas d'heures en France ou ailleurs, Dubaï est vraiment un temple de la fête, largement autant que peuvent l'être des villes comme Paris ou Miami. Vraiment, vous n'en croirez pas vos yeux car tous les clubs et les bars rivalisent d'ingéniosité pour être les meilleurs du monde que ce soit au niveau de leur déco ou de leur programmation de DJ. Ici, on joue dans la cour des grands et le bling-bling est un art de haut vol. Luxe et volupté sont les maîtres-mots de toutes les boîtes. Pour ne citer que quelques exemples, le Zéro Gravity situé à la Marina est un de ces temples tout comme le White installé tout près de l'hippodrome et sous les étoiles.

Côté faune nocturne, vous ne serez pas déçu non plus et, les célibataires, notamment, seront servis. Ame esseulée, vous trouverez peut-être chaussure à votre pied, parmi les dizaines de milliers de jeunes cadres bien payé(e)s, souvent célibataires, qui s'activent dans les parages et ont pas mal de soirées à occuper. Le week-end, les lounge bars sont pleins de belles personnes en daïkiri-tchat, la shisha dans une main, le smartphone dans l'autre. Pour les plus jeunes, c'est le temps des boîtes avec le son qui tape dans des univers assez conventionnels. Du samedi au mercredi, les lieux se vident et se remplissent au gré des modes et des soirées spéciales, notamment ces Ladies Nights où les filles s'enivrent pour pas cher. Réglementation musulmane sur l'alcool oblige, les adresses listées sont nichées dans les hôtels ou leurs dépendances commerciales, principalement près de la côte ou dans les tours de la ville. Le climat chaud aidant, on sort tard alors ne mettez pas le nez dehors avant 23h ou minuit sous peine de trouver les lieux vides et de vous ennuyer terriblement. Autre sujet qu'on ne peut pas passer sous silence à Dubaï : la prostitution. Vous croiserez de nombreuses prostituées dans tous les lieux de vie nocturne et elles sont souvent très chics et très jolies. Venues de différents pays, dont beaucoup d'Europe de l'Est ou du Maghreb. Si vous êtes un homme seul, ou entre amis, attendez-vous à vous faire accoster par les plus belles filles du monde. Elles procèdent en général de façon assez discrète, s'assoient à côté de vous, engagent la conversation et si vous voulez passer plus de temps avec elle, le couperet s'abat. Beaucoup de naïfs tombent alors de haut, après avoir pensé l'espace d'un instant, que la superbe plante était désintéressée. *You must pay, sorry* ! Autre quiproquo possible mais qui concerne les jeunes femmes en vacances sur place, ou même expats, qui sortent seules ou à deux. Si elles sont très sexy, alors qu'elles n'ont rien demandé, certains locaux peuvent à leur tour croire qu'elles attendent le client... Oups, si cela vous arrive, restez calme et soyez ferme. Car cela arrive !

IDÉES DE SÉJOUR

DUBAÏ POUR LA 1RE FOIS

JOUR 1

Matin. Visite du vieux Dubaï en commençant par le quartier Al Fahidi pour se familiariser avec l'histoire locale. C'est sans aucun doute le quartier le plus pittoresque, le plus riche architecturalement et le plus attachant de la ville. Sa visite permet de découvrir le Dubaï d'avant l'or noir, avant que les gratte-ciel ne fassent leur apparition. C'est un dédale de rues propices à la flânerie, à la découverte des maisons traditionnelles et des tours à vent restaurées. La plupart des habitations abritent désormais des centres culturels, des galeries d'art ou encore des cafés-restaurants. N'hésitez pas à pousser les portes et à monter sur les terrasses d'où de très belles perspectives se déploient sur les tours du quartier. Une petite limonade mentholée dans l'hôtel-boutique de XVA rendra la visite encore plus agréable tout en découvrant le charme des cours intérieures.

Au détour des ruelles, on pourra admirer deux *arish*, ces maisons en feuilles de palmier à la ventilation simple et ingénieuse, ainsi qu'une reconstitution de campement bédouin. Après cette balade, rendez-vous au bord de la Creek par un passage rapide au souk Al Kabeer voisin. Gagner le quartier de Shindagha, berceau des Maktoum, pour une visite des musées qui retracent la naissance de la ville – *Al Shindagha Museum Birth of the city* –, puis le musée du parfum – *Parfum museum* – et terminer par le musée archéologique de *Saruk al Haddeed.* Après la visite de la maison musée, flânez sur les quais le long de la Creek pour prendre l'air puis traversée de la Creek en petit bateau taxi, baptisé « abra », en direction des souks des épices et de l'or dans le quartier de Deira.

Déjeuner. Dans l'un des restaurants typiques du quartier historique : XVA dans le quartier historique.

Après-midi. Poursuivre avec les tours jumelles Emirates Towers et en face le centre financier DIFC et visitez quelques-unes de ces galeries design à la pointe de l'avant-garde et observer les tours avoisinantes. Vers 16h, allez à la Burj Khalifa pour effectuer la montée vertigineuse de la tour (à réserver à l'avance sur le site internet de la tour). Visite de la plateforme d'observation d'où la vue sur Dubaï est splendide afin d'admirer le coucher du soleil. En redescendant se rendre à l'aquarium de Dubai Mall.

Dîner. Repas dans un des restaurants du Souk al Bahar avec vue sur le célèbre Burj Khalifa illuminé. Bien s'installer en terrasse pour pouvoir profiter du spectacle des fontaines et du show laser qui ont lieu toutes les 30 minutes.

Soirée. Rendez-vous à Babiole au 44e étage du Hilton d'al Habtoor City pour découvrir une terrasse époustouflante avec une vue imprenable sur la Burj Kalifa et les gratte-ciel de Downtown. Et en plus si vous avez envie de prolonger la soirée 1 Oak vous attend… A moins que vous ne préfériez aller danser au Sky 2.0 l'un des clubs les plus *hype* du moment.

JOUR 2

Matin. Réserver à la mosquée de Jumeirah pour un petit déjeuner émirien suivi d'un tour sans tabous afin de poser toutes vos questions sur l'islam. Foncer vers le musée Etihad pour découvrir l'histoire de la formation des Emirats.

Déjeuner. Rendez-vous à *3 fils* pour un déjeuner dans le petit port de pêche de Jumeirah 2.

Après-midi. Prendre un taxi pour se rendre à *Palm the View* sur la Palm et admirer depuis cette plateforme toute l'architecture de la Palm et du quartier de la Marina. Acheter ensuite un aller-retour pour se rendre à l'Atlantis en monorail afin de visiter le superbe Aquarium de Lost Chambers. Au retour, direction la Marina, the Walk pour flâner entre les gratte-ciel ou louer à la demi-heure un bateau ou la formule *yellow boats* pour rêver devant les tours dans la Marina et les voir depuis la mer au coucher de soleil.

Dîner. Vers 19h, shopping et dîner sur les quais au souk Madinat Jumeirah, avec vue sur les tours à vent et le Burj Al Arab.

Soirée. Pour poursuivre la fête dans ce cadre balnéaire, prenez un taxi pour au Barasti dans le quartier de JBR.

JOUR 3

Matin. Découverte des galeries avant-gardistes d'Alserkal dans le quartier d'Al Quoz. Puis direction Kite Beach pour passer la fin de matinée sur l'immense plage.

© ROB CRANDALL – SHUTTERSTOCK.COM

Piste de ski intérieure, Dubaï City.

Déjeuner. Dans un des restaurants *food truck* de Kite Beach ou prendre une tartine à l'avocat sur la terrasse panoramique du restaurant *Ola*.

Après-midi. Départ vers 15h pour excursion dans le désert et y admirer le coucher du soleil.

Dîner. Barbecue dans le désert dans un des camps que proposent les tour-opérateurs.

Soirée. Direction *Cé la vie* dans le quartier de Downtown pour prendre un dernier verre sur la terrasse avant de rejoindre la piste électrisée de *7 sisters* à Business Bay.

DUBAÏ AU FIL DE L'EAU

JOUR 1 : BALADE SUR LA CREEK

Matin. Après avoir visité le quartier plein de charme d'Al-Fahidi et vous être perdu dans son dédale de ruelles, dirigez-vous vers la Creek pour une petite balade sur l'eau. Embarquez sur ce qu'on appelle un *abra*. Ce sont de grandes barques traditionnelles, mais motorisées pour la plupart, qui transportent des passagers, par vingtaine environ, d'une rive à l'autre de la Creek. Vous trouverez une station d'*abra* à Bur Dubai et une autre au vieux souk de Deira. De nombreux locaux l'empruntent quotidiennement. Deux options : vous offrir une traversée d'un côté à l'autre ou en privatiser un pour un prix assez raisonnable aux alentours des 30 euros pour longer la creek.

Déjeuner. Allez manger à prix doux dans l'un des petits restaurants du vieux Dubaï comme le *Mazmi Café*, après avoir fait votre balade en *abra*.

Après-midi. Au moment où le soleil tape si fort, allez prendre un bain de fraîcheur, à l'ombre des arbres de Creek Park justement situé au bord de la Creek. Ce petit poumon vert est un bol d'oxygène. Le soir venu, refaites un petit tour en *abra*. C'est un bon moyen de contempler, pour pas cher, le coucher du soleil sur la Creek.

Abras sur la Dubaï Creek.

Dîner. Twiggy est une oasis au cœur de cet écrin de verdure qu'abrite le Park Hyatt. Ce restaurant, avec une vue imprenable sur la Creek, est le nouvel endroit chic et branché de la ville. Une ambiance zen autour de la piscine et une cuisine méditerranéenne avec un twist bien français.

Soirée. Pour profiter encore de la Creek illuminée, allez prendre un dernier verre au bar Sky Lounge du Dubai Creek Golf, le très chic rooftop !

JOUR 2 : PLAGE ET FARNIENTE

Matin. Offrez-vous une découverte de Dubaï en Jet-Ski chez Searide avec notre frenchie Steven Dauliach. Le matin, la mer est souvent d'huile et c'est une façon mémorable de découvrir autrement Dubaï.

Déjeuner. Direction Kite Beach, pour aller déjeuner à *Salt* face à la mer. Les options à petits prix sont nombreuses et toutes les cuisines du monde vous tendent les bras.

Après-midi. Jouez la carte de la détente, du Sea et du Sun, en allant lézarder sur le sable chaud de la playa. Entre la trempette régulière dans les eaux chaudes de la plage, l'observation des locaux et des expats frimeurs et les siestes avec bronzette à répétition, vous devriez vous sentir définitivement en vacances et ça fait du bien !

Dîner. Rendez-vous dans le quartier de Umm Suqueim au restaurant Shimmers. Le restaurant vous tend les bras avec sa vue sur la Burj Al Arab.

Soirée. Après cette longue journée passée au soleil, vous n'avez guère l'énergie d'aller danser jusqu'au bout de la nuit... et pourtant vous aimeriez tant un dernier verre... Alors vous préférerez probablement terminer la soirée au Mercury Lounge du 4 Seasons de Jumeirah ou au très chic Yacht Club de l'hôtel Bulgari situé sur l'île juste en face et qui offre une vue époustouflante sur la ville et la mer.

JOUR 3 : « PALM STYLE » ET « MIAMI STYLE »

Matin. Eclatez-vous au parc aquatique Aquaventures riche d'attractions aux sensations fortes, mais aussi de douces rencontres avec les dauphins ! Puis visitez le Lost Chambers Aquarium de l'Atlantis et découvrez ses 65 000 poissons colorés. Au moment du coucher du soleil, direction JBR the Walk pour aller admirer le coucher du soleil avec les *yellow boats* qui vous feront découvrir la Marina ou la Burj al Arab sur l'eau.

Déjeuner. Direction le Ronda Locatelli, toujours à l'Atlantis, pour déguster une vraie bonne pizza à l'italienne dans un cadre à la fois chic et cosy.

Après-midi. Direction le Palm View et sa plate-forme d'observation qui offre des vues spectaculaires sur la Palm et la Marina.

Dîner. Direction le restaurant italien Alici sur l'île de BlueWaters pour une vue imprenable sur la Marina.

Soirée. Un dernier verre au Pure Sky Lounge, le rooftop du Hilton sur JBR.

DUBAÏ ARTISTIQUE

En 10 ans, Art Dubai a acquis une vocation éducative et est devenu l'un des plus importants événements culturels des Emirats, un acteur incontournable du monde de l'art contemporain au-delà de l'Europe et de l'Amérique.

Pour couronner le tout, en juin 2018, l'Unesco a distingué Dubaï en la reconnaissant comme l'une des villes les plus créatives en termes de design. L'Organisation des Nations unies s'est appuyée sur plusieurs réalisations architecturales remarquables telles que le design des stations de métro, le pont de la Tolérance sur le canal, le pont de Shindagha dont l'architecture représente le signe de l'infini, mais aussi le quartier de La Mer. Dubaï est la 24e ville du monde à recevoir cette distinction et la première au Moyen-Orient. Nous vous proposons un itinéraire sur trois jours pour découvrir ce que Dubaï peut offrir d'intéressant d'un point de vue artistique. Mieux vaut éviter le vendredi où la très grande majorité des galeries seront fermées.

JOUR 1

Matin. Rendez-vous dans le quartier d'Al Fahidi. Une fois arrivé dans ce quartier musée et piétonnier, se rendre à XVA Gallery niché au sein de l'hôtel boutique du même nom.

Déjeuner. Prendre un taxi pour vous rendre à Comptoir 102 dans le quartier de Jumeirah.

Après-midi. Prendre un taxi pour vous rendre dans le quartier de **La Mer :** 5 œuvres sont restées sur place de manière permanente après le festival annuel d'art public célébré chaque mois de mars. Le départ se fait au rond-point principal en prenant la rue qui longe la mer vers le nord. Vous allez trouver l'œuvre d'Etien, *Deux Poissons* mais aussi Bik Ismo intitulé *Sculpture de lapin*. Plus loin celle d'Alex Senna, *Deux Hommes marchant* et *Deux Mains s'étirent hors de l'ombre*. Enfin celle de Case Maclaim, *Le Pêcheur*, et Mr Doodle avec *Gribouillages* sur les bouches d'aération.

Parcourir librement La Mer et remarquer un requin, une jeune fille au ballon, un singe au magnétophone, autant d'œuvres de 4Maat, une entreprise de décor urbain.

- **Partir pour Satwa non loin.** En novembre 2016, le gouvernement de Dubaï ouvre une campagne de décoration pour rafraîchir Al Diyafah Street, ou rue de l'Hospitalité. 12 artistes internationaux et 3 artistes émiriens œuvrent pendant un an sur les façades résidentielles et commerciales sur le thème de l'histoire du pays, et de ses racines. En remontant la rue de l'Etihad Museum (musée de l'Union) jusqu'au rond-point de Satwa, vous allez trouver plusieurs œuvres murales.

Sur le rond-point de Satwa on retrouve Julia Volchkova avec *Homme en abra* ou *Le Passé*. Sur le rond-point, c'est Ashwaq Abdullah qui réalise *Cheikh Rashid lisant un livre à Cheikh Mohammed*, œuvre tirée d'une photo visible au Dubaï Museum.

Emprunter la 308 road, rue parallèle à Cheikh Zayed Road vers le sud, pour une belle vue sur la ligne d'architecture qui surplombe Cheikh Zayed Road et vous sentir minuscule face à ce délire de science-fiction.

- **City Walk.** Dès le soir arrivé, rendez-vous à City Walk. Conduit en 2016, le projet a réuni 16 des plus grands artistes urbains internationaux. En remontant l'allée centrale de Kid's Level vers la fontaine principale, toutes les œuvres se situent autour de la Plaza avec sa fontaine et le Roxy Cinéma.

Dîner. A City Walk à Farzi Café, restaurant indien fusion très couru à Dubaï ce qui vous détendra en observant la population locale qui déambule

© CUSTOT GALLERY DUBAI

Galerie Custot Dubai.

en famille ou entre amis dans ce quartier couru par les Emiriens une fois le soleil couché.

JOUR 2

Matin. C'est parti pour DIFC (Dubai International Financial Centre). Les galeries, la fondation et les deux maisons de ventes aux enchères côtoient les bureaux d'avocats et de banquiers. On commence par The Empty Quarter, galerie de photographies fondée par une princesse et artiste saoudienne et réputée pour ses choix de photographies ambitieux, puis on file chez Ayyam Gallery qui a un espace aussi à Alserkal Avenue ou l'une des nombreuses galeries que nous avons mentionnées dans ce quartier.

Déjeuner. Au restaurant grec Gaia dans l'enceinte de DIFC.

Après-midi. On prend un taxi pour se rendre dans la friche industrielle d'Al-Qhoz. Inspiré par des endroits tels que Shoreditch à Londres et le Meatpacking District à New York, l'homme d'affaires, collectionneur et mécène Abdelmonem bin Eisa Alserkal a eu l'idée de transformer des entrepôts vacants en galeries d'art. Lancée en 2007 dans la zone industrielle d'al-Qhoz, à l'ouest de la ville, Alserkal Avenue est rapidement devenue l'épicentre de la vie artistique aux Emirats et un véritable réservoir de talents innovants découverts par de jeunes galeries avant-gardistes. Les entrepôts, qui se trouvent dans une ancienne usine de marbre, ont été convertis en des espaces artistiques immaculés au design ultramoderne. L'Avenue a récemment doublé en taille et l'on peut y trouver aujourd'hui près de trente galeries présentant le meilleur de l'art contemporain de la région et d'ailleurs, des ateliers d'artistes et de designers, des cafés et des restaurants branchés, un cinéma indépendant (Cinema Akil), des salles de spectacle (The Fridge) et un bâtiment capable de recevoir n'importe quel type d'exposition grâce à ses murs amovibles, Concrete, qui signifie béton, pensé par Reem Koolhaas.

Cette plateforme artistique dynamique encourage l'échange, la collaboration et le partage et y sont organisés de nombreux événements et ateliers (autour du yoga, du parkour, de la gastronomie).
Parmi ces galeries, qui valent le déplacement, vous pourrez visiter celle d'Isabelle van den Eynde pour voir de l'art conceptuel régional, la galerie The Third Line, qui présente des artistes internationalement reconnus et d'autres, très prometteurs, la galerie Custot, Lawrie Shabibi ou l'atelier d'El Seed.
Un peu plus loin dans Al-Qhoz, à seulement 5 km d'Aserkal Avenue, surtout ne pas manquer Meem Gallery, qui présente toujours des œuvres d'artistes de la région, tels que Sohrab Sepehri, Parviz Tanavoli, Mahmoud Obaidi, Kamal Boullata, Dia Azzawi.

Dîner. Yacht Club du Bulgari Hotel and Resorts

JOUR 3

Matin. C'est parti pour le Dubai Design District plus connu sous l'acronyme D3 et qui fut lancé en 2013 sous l'impulsion de Cheikh Mohammed al Maktoum. Le nouveau quartier nommé D3 accueille 10 000 professionnels du design, de la mode, de l'art et de la culture, répartis dans 11 édifices conçus par le bureau d'architecture Foster + Partners. L'ambition est de devenir le leader régional des créateurs et des nouveaux talents. Les grandes maisons de luxe, les architectes, comme Fosters + Partners ou Calatrava, ont déménagé dans ce hub où les initiatives se multiplient comme l'atelier créatif de Swarovski qui propose aux professionnels de s'initier aux multiples possibilités offertes par les 8 000 sortes de cristaux. Se voulant incontournable dans le calendrier des rendez-vous du design, Dubaï Design Week se déroule chaque année à la mi-novembre. Il est d'ailleurs devenu le plus grand festival de la création du Moyen-Orient. Leurs inventions se conçoivent autour de 6 catégories : la construction, la santé, la maison, la mémoire, le jeu et le travail. On pouvait, par exemple, participer à l'Ecole (éphémère) de Van Cleef & Arpels autour de l'art du bijou, le monde des pierres et le savoir-faire. D3 accueille, depuis septembre 2018, une école du design, fruit de la collaboration entre MIT et Parsons School of Design.

Déjeuner. A l'hôtel Versace

Après-midi à l'est de Downtown. Partez pour Le Jameel Arts Centre. Il est l'un des premiers instituts d'art contemporain à but non lucratif de Dubaï. Le complexe de 10 000 mètres carrés construit par « Série architects » est un espace pluridisciplinaire dédié à l'exposition, la promotion et la création d'art à travers le Moyen-Orient et au-delà, offrant des expositions commissionnées, avec des œuvres provenant de la Jameel Art Collection. Puis, en taxi, se rendre au centre d'art contemporain, Tashkeel qui rassemble des ateliers et des résidences d'artistes. Petit bâtiment perdu dans le quartier de Nad Al-Sheba, près du champ de courses, Tashkeel est un véritable creuset de la scène artistique des Emirats où se rassemblent les jeunes futurs grands artistes de la région. Ses petites expositions valent la visite pour se donner une idée claire de l'art contemporain local.

Des artistes comme Nasir Nasrallah, El Seed et Ammar Al Attar sont passés par Tashkeel. On regagne Downtown et le boulevard Cheick Mohammed, boulevard qui entoure le Dubai Mall et la Burj Khalifa. Sur près de 1 kilomètre, de nombreuses sculptures sont installées. Sur ce boulevard, pousser la porte de galerie Foundry et s'inscrire pour faire un tour architectural de l'Opéra de Dubaï.

Dîner. A Ninive, le restaurant marocain situé dans les Emirates Towers. En hiver, la terrasse permet une vue superbe sur les tours environnantes.

TOUR ARCHITECTURAL DE DUBAÏ

La découverte de Dubaï passe en grande partie par une architecture spectaculaire aux formes originales dotées des prouesses de la technologie contemporaine. A l'aube du XXIe siècle, l'objectif de l'Etat de Dubaï était de construire près de 1 500 tours sur 4 114 km², dont les îles en forme de palmiers, le World (archipel de 300 îles artificielles) et Dubailand. Leur construction a permis à Dubaï de trouver enfin sa propre identité, sa « signature » à travers son architecture, en défiant les plus grandes réalisations actuelles et suscitant l'envie des plus grandes villes du monde.
Dubaï, c'est aujourd'hui près de 220 gratte-ciel et la 4e skyline du monde derrière Hong Kong, Shenzhen et New York.
Mais Dubaï, c'est surtout la ville la plus haute du monde avec la Burj Khalifa (828 m) et son ascenseur intégré qui bat tous les records de vitesse à 9 m/s ! Mais l'infatigable ne s'arrête pas encore : en cours de construction la Tower, chef-d'œuvre de l'architecte Santiago de Calatrava, dépassera les 1 000 m !
Pour les architectes, cette ville est aussi un laboratoire de recherche : le sable, le climat et la forte salinité en font des défis avec lesquels les concepteurs jouent en permanence pour aboutir aux innovations les plus inouïes.
Voici un itinéraire pour que vous puissiez découvrir les plus beaux édifices de la ville.

JOUR 1 : BUR DUBAI & DEIRA

Matin. Partez à la découverte des édifices anciens traditionnels dans le quartier d'Al-Fahidi et de Shindagha. On peut admirer l'architecture des tours Barjeel, et à plusieurs endroits observer l'utilisation de matériaux comme l'éponge, le corail et les coquillages dans la construction des murs. Jolie reconstruction d'une tente bédouine et un peu plus loin le premier mur d'enceinte de Dubaï est visible non loin de XVA guest house, qui permet aux visiteurs de découvrir l'intérieur des maisons largement inspirées de la Perse. Puis c'est aux abords du Fort Al Fahidi que vous pourrez observer l'architecture des édifices défensifs. Les murs du fort sont un exemple remarquable de l'utilisation ingénieuse des matériaux disponibles à l'époque. Rendez-vous à présent dans le quartier de Shindagha en pleine rénovation. Il se situe au-delà de la station d'*abras* et de la petite tour de garde et c'est là que vous pourrez visiter l'un des nombreux musées dans les maisons en corail restaurées.

Typiques de l'architecture arabe de la fin du XIXe siècle, les maisons sont des exemples des mélanges d'influences de la région. Plafonds en poutres et feuilles de palmier tressées, embrasures voûtées, fenêtres et treilles délicatement sculptées, tours à vent.

- **Déjeuner à** Arabian Tea house ou XVA dans le quartier d'Al Fahidi.

- **Après-midi.** Visite du Dubai Frame. Il offre des vues possibles sur les quartiers historiques et la Creek d'un côté, aussi bien que sur la *skyline* du nouveau Dubaï de l'autre et ses tours emblématiques. C'est sur l'herbe verte de Zabeel Park que la municipalité de Dubaï a choisi d'ériger le Dubai Frame conçu par l'architecte mexicain Fernando Doris. Comme son nom le laisse supposer, il représente un cadre photo géant, qui a pour structure deux piliers hauts de 150 mètres reliés par une passerelle partiellement en verre de 93 mètres de long, qui sert de plateforme d'observation.

- **Dîner.** Direction le restaurant de viande Prime68, qui comme son nom l'indique offre depuis le 68e étage une vue spectaculaire sur la ville.

- **Soirée.** Un dernier verre à Vault quelques étages plus bas ou à 7 sistres au rez-de-chaussée de l'hôtel.

JOUR 2 : DOWNTOWN

- **Matin.** Découverte du DIFC (Dubai International Financial Center) : le quartier des affaires entouré de gratte-ciel. Inauguré en 2004, il se compose de trois zones où les architectes ont rivalisé d'ingéniosité pour transformer ces 48 hectares en un quartier piétonnier, vivant tant pendant la journée que le soir. La figure centrale est l'Arc de triomphe, cet édifice de 15 étages baptisé Gate building et qui offre une perspective étonnante avec au loin le premier gratte-ciel édifié à Dubaï en 1979 le World Trade Center, suivi des Emirates Towers et de l'autre côté vers la nouvelle extension de DIFC. Les édifices hauts de 8 étages qui entourent le Gate building forment une cour ouverte. Ils sont construits au-dessus des arcades protégées du soleil par un jeu de toiles ou de panneaux en acier. Là se trouvent des restaurants en terrasse où souffle toujours une brise tellement bienvenue. Cette ventilation naturelle est aussi créée par les portes-vérandas qui basculent afin d'accentuer les courants d'air. Des ponts en bois permettent d'accéder au Gate Village dont l'architecture a été confiée au cabinet Hopkins & Partners. Inspiré par la ville de Shibam au Yémen et de la Creek de Dubaï, ils ont imaginé ces rues des cités antiques arabes, étroites, protégées du soleil grâce aussi à ces arcades qui abritent restaurants et galeries d'art. Ce réseau de ruelles abrite des édifices dont les matériaux isolent un peu plus de la chaleur se parent de moucharabieh aux arabesques contemporaines. Les 15 000 employés de DIFC au profil « London City » peuvent marcher dans un espace bien ventilé. Parmi les édifices à ne pas manquer : les Emirates Towers construites en 2000 qui mesurent respectivement 309 et 354 mètres de haut. Elles sont à raison parmi les tours les plus photographiées de Dubaï. L'architecte Hazel Wong a conçu deux polyèdres dont la base est un triangle équilatéral : tout un symbole ! Les trois côtés représentent la terre, le soleil et la lune. Les cylindres que l'on peut apercevoir à la base et au sommet de chacune des tours font écho à la symbolique du cercle : l'éternité. Non loin et pas encore terminé alors que nous terminons ce guide s'élève le musée du Futur. Ce sera un bâtiment composé d'un anneau ovale et conçu par l'architecte sud-africain Shaun Killa. La structure horizontale et arrondie accueillera sur 7 étages des chercheurs, designers, inventeurs pour répondre à des questions cruciales que devra affronter l'humanité comme l'éducation, les énergies, les transports, la santé. Le musée fera alors écho à l'Expo 2020 et garantira la continuité de son slogan : « Connecter les esprits, Construire le futur ». Un prolongement a été ouvert en décembre 2018. Cette artère de 880 mètres de long et nommée The Gate Avenue a dégagé un espace de 5 hectares pour accueillir 200 commerces dans une voie couverte et son étage supérieur à l'air libre. Le but est de relier à pied en toutes conditions météorologiques plusieurs édifices tant de bureaux que d'habitations du quartier tels que Index Towers, Central Park Towers, Emirates Financial Towers, Liberty House ou encore ICD Brookfield Place et Damac Twin Towers.

Déjeuner. Le DIFC au cadre à la new-yorkaise très réussi propose de nombreuses adresses de restaurants à prix raisonnables. Mais aussi des restaurants plus chics parmi les meilleurs de Dubaï : Zuma, La Petite Maison, Gaia, Cipriani.

Après-midi. Direction Business Bay où vous découvrirez la U-Bora Towers, le bâtiment 0-14, ou le dernier bâtiment dessiné par Zaha Hadid baptisé Opus. Puis visite du Burj Khalifa, la tour la plus haute du monde. Sa construction débuta en 2004 pour s'achever en 2008. Dessinée par les Américains de Skidmore, Owings & Merrill sur un plan en Y inspiré du bulbe de l'hymenocallis, une fleur du désert, la tour de verre et d'aluminium fut inaugurée en 2010 après 1 325 jours de travaux. Celle-ci pointe aujourd'hui fièrement ses 160 étages et sa flèche à 828 mètres. C'est une merveille d'équilibre et de génie architectural. D'en haut, c'est-à-dire de la plateforme d'observation au 124e étage à 420 m, elle paraît presque fragile car étroite. Du sol au 39e étage y résident les clients de l'hôtel Armani. Dans les étages suivants vivent de chanceux et fortunés locataires d'appartements. Des bureaux d'entreprises se sont installés sur place également. Au 122e se trouve un restaurant à la superbe vue panoramique. Depuis la principale plateforme d'observation située au 124e étage, la sensation d'être sur le balcon public le plus haut du monde est assez exaltante, et par temps clair la vue aérienne est inoubliable.

Dîner. Rendez-vous à Cé la vi pour un dîner sur une terrasse panoramique plein cadre sur le Burj Khalifa. Vous pourrez même y prolonger la soirée dans le bar tout à côté.

JOUR 3 : PALM, MARINA & JBR

Matin. Visite de la Dubai Marina. Vous pourrez y voir les gratte-ciel impressionnants qui s'agglutinent dans ce quartier créé de toutes pièces à partir de 2003 suite à la construction d'un canal artificiel qui permit la mise en place de la marina. N'hésitez pas à vous offrir une balade en bateau parmi les nombreux prestataires pour observer au fil de l'eau les gratte-ciel.

Puis direction le Palm View pour une vue époustouflante sur le quartier et la Palm. Vous pourrez même apprendre tous les secrets sur sa construction grâce à la galerie qui précède la montée vers la plateforme.

Déjeuner. Koko Bay les pieds dans le sable avec une vue superbe sur Aïn Dubai, la plus grande roue du monde.

Après-midi. Direction Palm View pour comprendre la construction de la Palme grâce à une présentation juste avant de prendre l'ascenseur qui vous conduira vers cette superbe plateforme panoramique. Superbe découverte de l'architecture de l'île artificielle, mais aussi des gratte-ciel de la Marina et de la Burj al Arab.

Dîner. Rendez-vous au souk de Madinat Jumeirah où les multiples restaurants offrent pour la plupart des vues superbes sur le Burj Al Arab.

Soirée. Direction le Jetty Lounge du Royal Mirage du très chic One and Only Royal Mirage.

SHOPPING NO LIMIT À DUBAÏ

Dubaï c'est le paradis du shopping. Voici un itinéraire pour réaliser tous vos rêves de shopping les plus fous. Pour les inconditionnels, regardez dans la rubrique Festivités pour choisir les mois du Dubaï Shopping Festival (DSF) et le Dubai Shopping Surprises (DFF) afin de profiter des soldes monstres. Quant au remboursement des 5 % de TVA, il peut se faire à partir de 250 AED d'achats et reste plafonné à 10 000 AED et à l'aéroport. Seules les boutiques autorisées pourront vous aider à préparer les papiers nécessaires, n'hésitez pas à leur demander. Armés de votre étole pour éviter le mal de gorge dans des centres commerciaux ultra-climatisés, voici un plan sur trois jours.

JOUR 1 : DUBAÏ MALL

Matin. Consacrez cette journée au Dubai Mall, le mall le plus grand de la planète avec ses 1 200 boutiques ! Passez la matinée dans les enseignes *girly* avant que la foule de clientes *fashion victims* ne débarque l'après-midi, car les locaux aiment bien faire du shopping dans les malls climatisés plutôt l'après-midi quand il fait si chaud dehors...

Déjeuner. Aller prendre un bain de soleil sur la terrasse des restaurants au rez-de-chaussée comme Wafi Gourmet et café Bateel devant les fontaines. Vous aurez le choix entre de nombreuses tables à prix correct.

Après-midi. Retour au Dubai Mall. Visite du souk des chaussures, qui concentre toutes les marques du monde dans de longues allées aseptisées. Puis, petite halte culturelle à la librairie Kinokiya où vous pourrez acheter un beau livre de photos de Dubaï ou un roman français car le rayon de livres français y est très fourni.

Dîner. Tout se passe sur les terrasses des restaurants de Souk al Bahar devant les fontaines et de l'autre côté du Mall. Vous aurez le choix entre de nombreuses tables à prix correct. Si vous n'arrivez pas à vous décider, allez chez Sérafina pour une cuisine italienne ou chez Abd el Wahab pour une cuisine libanaise.

Soirée. Rendez-vous sur la terrasse du Shakespeare dans le souk al bahar, à l'extérieur, pour prendre un thé et fumer une shisha en terrasse face à la flèche d'acier.

JOUR 2 : LE TOUR DES MARCHÉS

Matin. Direction le vieux Dubaï pour une découverte d'Al Kabeer Souk. Construit tout en longueur et surmonté d'une charpente de bois, il laisse filtrer la lumière du jour. Les échoppes qui débordent d'étoffes donnent à ce marché des airs de vrai souk. Achat de souvenirs traditionnels classiques : étoles (pashmina), tuniques, babouches brodées... Mais dans ce souk, tout est made in « en dehors des Emirats » Une fois votre shopping terminé, empruntez l'une des allées latérales ; elles débouchent sur la Creek d'où la vue sur les buildings et les *dhows* traditionnels est superbe.

Déjeuner. Soit c'est un retour en arrière, direction le quartier Al Fahidi pour un déjeuner à l'hôtel boutique XVA, soit c'est au bord de l'eau au Mazmi Café.

Après-midi. C'est parti pour la visite du Spice & Gold Souk après avoir pris un *abra* pour vous rendre de l'autre côté dans Deira ! Tandis que les effluves enchanteurs des épices vous enivrent, vous voilà attiré par l'or jaune au pays de l'or noir... Le marché de l'or se trouve en effet à quelques minutes à pied du marché aux épices. Possibilité de négocier dans les deux marchés, surtout si vous payez cash. Enfin direction le Souk al naïf.
Aux amoureux de couleurs, de belles étoffes, d'accessoires de couture ou juste pour le plaisir des yeux, voici le souk qu'il vous faut. Se trouvent des dizaines de marchands de belles étoffes : soieries, brocarts, velours mais aussi des merceries offrant des milliers de références à des prix imbattables.
Voici quelques noms qui méritent le détour : Al Kandari, Al Nokhba et un peu plus loin Ajwaa al Madeena. Pour les trouver, il faut se rendre à Sakha Street et marcher jusqu'à trouver l'hôtel Sabkha. Juste à gauche, il y a une petite allée, c'est là que vous allez les trouver.

Dîner. Après cette longue journée où vous avez piétiné dans les marchés, faites-vous plaisir et allez dîner dans un bon restaurant ! Twiggy au Park Hyatt devrait vous plaire. Sur le podium national des belles terrasses, celle de ce restaurant est dans le top 5 ! Face au joli décor de la Creek, régalez-vous d'un plateau de fruits de mer.

Soirée. Prenez un dernier verre au bar du Cielo Sky Lounge du Dubai Creek Golf, situé dans la même enceinte que le Park Hyatt pour continuer à contempler la sublime vue sur la Creek.

JOUR 3 : MALL OF THE EMIRATES

Matin. Direction l'un des plus grands malls de Dubai : Mall of The Emirates appelé aussi MOE. Il fut, en 2005, le premier dans la course au gigantisme. Alignant désormais plus de 500 boutiques, c'est l'un des 3 meilleurs malls de la ville.

Déjeuner. Repas avec vue sur la piste de ski, le frigo créé par une société lyonnaise et maintenu à -1 °C pour le plus grand bonheur des glisseurs. Direction le restaurant Salmontini à l'étage pour une version saumon et sushis.

Après-midi. On part de l'autre côté de Sheikh Zayed vers le souk version XXIe siècle de Madinat Jumeirah. Le souk fait partie d'un vaste et luxueux complexe hôtelier, s'insérant entre trois palaces, le Mina A'Salam et Al Naseem à droite et l'Al-Qasr à gauche. Construit sur le modèle présumé d'un marché traditionnel, avec de longues allées aux murs de gypse, des colonnes, une charpente en bois de teck aux arches ajourées, des lanternes et des échoppes aux portes alignées. Organisé en galeries parallèles et convergentes, débouchant sur différentes terrasses, cet ensemble poétique réserve au promeneur égaré la surprise de vues splendides sur les tours à vent et les canaux où voguent de petits *abras*. Les boutiques sont principalement des magasins d'art, d'artisanat et de souvenirs. En plusieurs points, on bénéficie d'une vue saisissante du Burj al-Arab.

Dîner à Shimmers à l'hôtel Mina A'Salam situé dans l'enceinte du souk. Ce restaurant de plage offre une superbe vue sur le Burj al Arab.

JOUR 4 : DRAGON MART 1 & 2

Et enfin pour une dernière matinée dans les alentours de Dubaï, vous pourriez flâner dans les immenses couloirs de Dragon Mart 1 et/ou 2, où le dragon ne crache pas du feu mais de l'eau dans une immense fontaine. En dehors de la Chine, c'est quasiment le plus vaste endroit du globe où l'on peut trouver, regroupés en un même espace, autant de produits de l'Empire du Milieu ! A l'instar de New York et de bien d'autres villes, Dubaï a aussi son quartier chinois. Textile, déco, électroménager, alimentation, artisanat, des bijoux fantaisie par milliers, du linge de maison et des gadgets en tout genre... On trouve de tout dans cet immense *mall* et on peut marchander.

VISITES GUIDÉES

A Dubaï, de nombreuses formules de visites guidées s'offrent à vous et certaines sont très originales. Nous vous avons sélectionné différents établissements et agences pour que vous puissiez trouver la visite la plus conforme à vos attentes, que vous veniez à Dubaï pour la première fois ou pour la énième fois. Vous pouvez choisir de faire une visite relativement autonome, en prenant un pass à la journée avec The Big Bus company. Ces bus de style britannique à ciel ouvert permettent, comme dans de nombreuses villes dans le monde, de monter et descendre à votre guise aux différents arrêts pour visiter les sites qui vous intéressent. C'est une bonne formule à petits prix pour avoir une vision globale de Dubaï si c'est votre première fois dans l'émirat. Mais si vous connaissez déjà Dubaï, vous risquez de vous ennuyer un peu... Heureusement, il existe d'autres possibilités de visites guidées beaucoup plus exaltantes. Et si vous survoliez Dubaï en montgolfière ? C'est que propose Balloon Adventures. Embarqué dans les airs, vous survolez ainsi tout Dubaï, aussi bien les tours gigantesques que le désert. C'est une expérience inoubliable à condition de ne pas trop avoir le vertige. Si vous aimez l'altitude, vous pourrez récidiver en hélicoptère. Les hélicoptères de la compagnie Alpha tours vous proposent un vol de 15 à 25 minutes au-dessus de l'émirat, des îlots sablonneux du World en passant par la Creek puis l'immense Burj Khalifa et la Marina. Magique ! Sachez que vous pouvez aussi survoler la ville en hydravion. C'est ce que propose Seawings à bord d'un appareil de 9 places maximum, pour un vol de 40 minutes... Enfin pourquoi pas une visite par la mer en Jet-Ski avec Searide ? Ou une découverte gastronomique de la ville avec Frying pan Adventures ? Sheikh Mohammed Centre for Cultural Understanding offre plusieurs visites guidées du quartier historique ou de la mosquée. Enfin, les très nombreux guides francophones vous feront découvrir de façon personnelle leur Dubaï avec des récits riches en anecdotes.

BALLOON ADVENTURES

DÉSERT
✆ +971 4 440 9827
www.ballooning.ae
info@ballooning.ae
7j/7 le matin de septembre à mai. A partir de 1 250 AED par adulte, transfert, petit déjeuner et activités inclus.

Avec LA compagnie spécialiste des ballons dirigeables aux Emirats, riche de plus de 15 ans d'existence, c'est l'une des façons les plus originales de découvrir le désert. On se lève tôt pour bénéficier des meilleurs courants aériens et de la plus belle lumière, et l'on savoure cette expérience aussi enivrante en survol à ras des dunes que très haut.

Balloon Adventures.

BIG BUS TOURS DUBAI ★★

✆ +971 4 340 7709
www.bigbustours.com
infodubai@bigbustours.com

Départs de Dubai Mall toutes les heures de 10h à 16h. Ligne rouge « City tour » en 2h. Billet valable 24h avec arrêts à volonté.Tarif : 294 AED pour les adultes, 200 AED pour les enfants de 5 à 15 ans. Tickets premium avec une validité de 48h, en bonus une croisière sur un Dhow : 341 AED pour les adultes, 229 AED pour les enfants. Tickets deluxe avec une validité de 5 jours avec en bonus : croisière sur un Dhow entrée pour Lost Chambers et Ambassador Lagon de l'Atlantis, une sortie dans le désert pour le coucher du soleil : 410 AED pour les adultes, 263 AED pour les enfants. NB : les lignes verte, bleue et « by night » sont suspendues pour le moment.

Retrouvez le modèle de bus londonien classique, en version décapotée, pour un circuit à volonté puisque vous montez et descendez quand vous le souhaitez durant la période de validité du billet.

CITY SIGHTSEEING DUBAI ★★

✆ +971 800 273 8224
www.citysightseeing-dubai.com
info@cs-dubai.com

Départs de Dubai Mall toutes les heures de 10h à 16h. Billet de 24h avec arrêts à volonté : Adulte 210 AED, Enfant (6-11) 145 AED. Billet de 48h avec arrêts à volonté : Adulte 245 AED, Enfant (6-11) 165 AED. Choix entre la Ligne Rouge en 80 min et la Ligne Bleue en 2h10.

Plus récemment installée à Dubaï, City Sightseeing Dubaï est l'autre compagnie de bus à impériale permettant de se déplacer partout dans la ville et d'en découvrir les principales facettes sans risque de se perdre, au gré des quartiers et routes sélectionnées. En bonus avec les tickets

Big Bus Tours Dubai.

City Sightseeing Dubai.

de 48h et 72h : une entrée au Dubaï Aquarium et à l'Underwater Zoo, une découverte des émirats de Sharjah et d'Ajman.

EMIRATES FALCON

✆ +971 2 652 6916
www.emiratesfalcontourism.com
reservations@emiratesfalcontourism.com

Les Emirats arabes unis ont un patrimoine culturel riche et Emirates Falcon a compris comment le transmettre à sa clientèle francophone désireuse de mieux comprendre cette terre d'accueil, de contrastes et tournée vers le futur. Ils offrent une organisation sur mesure, à la carte, pour les événements, pour tous les clients qu'ils soient deux ou mille. Ils vous feront visiter avec beaucoup de créativité les lieux incontournables mais également les lieux secrets ! De la haute couture pour une agence tournée vers les activités culturelles et authentiques.

FLY HIGH DUBAI HELICOPTER SERVICES BY ALPHA TOURS ★★★

The Palm
Atlantis Helipad
✆ +971 4 701 9111
www.alphatoursdubai.com
info@alphatoursdubai.com

Pearl Tour de 12 minutes : 649 AED par personne ou 2 599 AED en vol privatisé. Fun Ride Flight Tour de 15 minutes : 835 AED par personne ou 3 340 AED en vol privatisé. City Circuit Tour de 25 minutes : 1 315 AED par personne ou 5 250 AED en vol privatisé.

L'Ecureuil marseillais Eurocopter AS350 se promène dans le ciel du golfe du Burj Al Arab aux îlots sablonneux du World, passant éventuellement par la Creek puis filant vers la tour altière Khalifa et la Marina. Très belle croisière aérienne. Attention, bien caler sa journée car il faut être présent à l'héliport 45 minutes avant le vol.

FRYING PAN ADVENTURES ★★

Office 911
Tamani Arts Office Tower
Business Bay
✆ +971 56 471 8244
www.fryingpanadventures.com
munch@fryingpanadventures.com

Excursions gastronomiques : Durée environ 3h30, 4h, petits groupes de 6 à 8 personnes. Prix par personne : 425 AED. Plusieurs thèmes sont possibles. Souks et Street Food : 4 stops, Moyen-Orient : 5 stops. Inde : 6 Stops. Consulter le calendrier en ligne pour connaître les dates et réserver.

Il existe 3 circuits qui durent environ 4 heures, autour des souks, de l'Inde et du Moyen-Orient nécessitent de marcher entre 1,5 et 3 km et de comprendre l'anglais. Loin des adresses léchées et souvent chères des quartiers du nouveau Dubaï. Un tour gastronomique avec Frying Pan Adventure est une expérience hors des sentiers battus à ne pas rater ! Mais attention : il faut réserver bien à l'avance pour s'assurer d'avoir de la place.

GRAY LINE DUBAI

Port Saeed
Al Ghamen Building, Suite 201
Deira
✆ +971 4 234 0811
www.grayline.ae
excursions@grayline.ae

Vastes palettes de tours, activités et prestations. Voir les détails et les tarifs en ligne. A titre d'exemple, compter 268 AED/personne/demi-journée de tour guidé du Dubaï traditionnel avec visite des principales curiosités, 102 AED/personne/tour de nuit, 367 AED/tour complet de la ville avec le déjeuner. Pour les sorties en désert, compter en véhicule partagé, 561 AED par personne pour le matin, 591 AED par personne pour le safari désert avec barbecue et quad en véhicule partagé.Le pick up à l'hôtel est inclus dans le prix (prévoir d'être prêt 30 à 45 minutes avant l'heure de départ de l'excursion) de même que le repas pour les visites à la journée. Une équipe d'experts expérimentés est disponible 24h/24 et 7j/7 pour toute assistance et/ou pour aider à organiser le voyage. Wifi gratuit dans les bus.

Gray Line propose plusieurs circuits en bus à la demi-journée ou la journée, et un tour de nuit à la découverte des beautés et curiosités de la ville dans plusieurs langues dont le français (audio-guides inclus et pauses-visites en route).

Gray Line propose aussi d'autres produits touristiques phares comme les croisières en boutre ou les safaris dans le désert.

JOSETTE GHAZAL – GUIDE FRANCOPHONE

✆ +971 55 228 9624
josetteghazal@yahoo.fr

Vaste palette de prestations et tours à la carte. Tarifs sur mesure, à la demande.

Implantée à Dubaï depuis des années et grande amoureuse de cette partie du monde, Josette, sympathique guide française, emmène les voyageurs curieux à la découverte des bonnes adresses de Dubaï. Elle concocte des programmes de visite sur mesure, centrés sur la ville moderne et ses

Gray Line Dubai.

gratte-ciel étonnants et/ou sur les quartiers plus traditionnels avec leurs souks et leur identité architecturale.

MY TOUR STUDIO

Office 5015
Aspin Commercial Tower
Sheikh Zayed Road
✆ +971 58 522 0807
www.mytourstudio-dubai.com
reservation@mytourstudio-dubai.com

Les prix dépendent du tour, de la durée et du nombre de personnes. Tout est à la carte donc il vaut mieux envoyer un courriel pour obtenir un devis.

Nathalie van de Vrede dirige brillamment et avec passion cette structure francophone à taille humaine. Capable d'organiser des voyages inventifs enrichis de toutes les activités adaptées, Nathalie et son équipe savent séduire les plus exigeants grâce aux prestataires de qualité avec lesquels elle travaille. Un réceptif sérieux et créatif ! Une vraie adresse futée.

SEARIDE DUBAI

Fishing Harbour 1, Jumeirah 2
✆ +971 55 157 8393
www.searide-dubai.com
contact@searide-dubai.com
Entre Mercato Mall et Four Seasons Hotel

Ouvert de 9h à 17h tous les jours. Jet-skis, 2 personnes maximum : Burj Al Arab tour (1h) à 600 AED et Atlantis tour (2h) à 900 AED et Burj Khalifa Tour (30 minutes) : 350 AED.

LE Spécialiste des randonnées en Jet-Ski et LE plus sérieux quant au choix et à l'entretien du matériel avec comme toile de fond la cool attitude. Nous vous recommandons le circuit découverte des bâtiments emblématiques de la ville. Départ tôt le matin avec option de petit déjeuner sur la plage en fonction de vos envies : Magique !

Seawings.

SEAWINGS ★★★

✆ +971 4 807 0708
www.seawings.ae
reservations@seawings.ae

940 AED par adulte le survol de 20 minutes, et 795 AED par enfant en dessous de 12 ans. Le tour part de Jebel Ali et couvre, la Palm, la Burj Khalifa et le quartier de la Marina. 1 680 AED celui de 45 minutes pour les adultes et 1 412 AED pour les enfants jusqu'à 12 ans et il couvre tout Dubaï y compris le survol de la Creek.

Survol de la côte, de la Palm, des tas de sable The World, de la Creek, de la ville en passant au large du Burj Khalifa, à bord d'un hydravion de 9 places maximum. Par temps clair, expérience impressionnante.

SHEIKH MOHAMMED CENTRE FOR CULTURAL UNDERSTANDING ★★★★

Fahidi Historical District
Bur Dubai
✆ +971 4 353 6666
www.cultures.ae
openminds@cultures.ae
Metro Al Fahidi.

Petit déjeuner avec questions réponses : 120 AED/personne. Dimanche à 9h, le lundi et le mercredi à 10h. Déjeuner avec questions-réponses : 130 AED par personne tous les jours à 13h. Brunch avec questions-réponses : 150 AED par personne le samedi à 10h30. Dîner avec questions-réponses : 150 AED par personne le mardi à 18h30. Thé avec questions-réponses : 150 AED par personne uniquement sur demande. Tour du quartier historique al Fahidi et visite de la mosquée Al Farooq : 100 AED par personne le samedi à 9h et le dimanche, mardi et jeudi à 10h30. Durée 90 minutes. Tour de tout le quartier avec promenade en abra et visite des souks : Tous les lundis à 15h. Durée : 3h. Pour toute autre réservation sur demande : Minimum 10 personnes, 315 AED par personne. Tour de 150 minutes. Visite de la mosquée Jumeirah : 25 35 AED par personne, tous les jours sauf le vendredi à 10h et à 14h (le mardi et le jeudi. Réservation indispensable).

On peut poser toutes les questions sans aucun tabou. Animés par des femmes et hommes émirats, tous bénévoles, qui prennent à cœur de répondre aux interrogations que les touristes peuvent avoir sur la culture locale, les traditions, le rôle de la femme, la politique, ou la religion. Tout est en anglais.

Autre adresse : Jumeirah Mosque, Jumeirah Beach Road, Jumeirah 1, en face du Mall Palm Strip.

UNVEIL ARABIA

✆ +971 55 388 6460
www.journeys.ae
salua@unveilarabia.com

Création de packages (sans vol) avec résa d'hôtels, visites guidées et encadrement complet selon budget et intérêts.

Unveil Arabia est un réceptif à taille humaine, spécialisé dans les voyages thématiques et éducatifs pour les clients exigeants (familles, groupes d'étudiants ou de professionnels) via des circuits à la carte d'un jour à une semaine ou plus. Passionnée et très pro, l'agence a créé une palette de *journeys* : tours et excursions inédits qui permettent de découvrir les faces cachées des différents émirats en mettent l'accent sur leurs richesses naturelles, historiques, culturelles et architecturales.

FESTIVITÉS

Dubaï est une ville dynamique. Divers évènements sont régulièrement organisés. Au-delà du traditionnel Shopping Festival (période des soldes) qui attire quelque 4 millions d'acheteurs chaque année en janvier, ce sont les manifestations culturelles qui sont en plein essor et connaissent un franc succès, à savoir les salons d'art comme « Art Dubai » et « Dubai Design Week ».

JANVIER

DUBAI SHOPPING FESTIVAL

www.visitdubai.com
info@visitdubai.com
De la fin de la deuxième semaine de décembre à fin janvier.
Créé en 2000, le Dubai Shopping festival est devenu, très rapidement, l'événement absolu pour toutes les amoureuses de shopping qui trouvent là de quoi satisfaire leur rage de consommation. Partout les vitrines prennent des airs de fête et proposent des soldes hors taxes irrésistibles pour les porte-monnaie. Feux d'artifice en soirée à localiser sur visitdubai.com

FÉVRIER

DUBAI DUTY FREE TENNIS CHAMPIONSHIPS

Garhoud
Dubai Duty Free Tennis Centre
www.800tickets.com
sports@promosevensports.com
Généralement deuxième semaine de février.
Pendant près de deux semaines les grands noms du tennis, hommes et femmes, s'affrontent au Dubaï Duty Free Stadium.

EMIRATES AIRLINES FESTIVAL OF LITERATURE

✆ +971 4 3559844
emirateslitfest.com
info@elfdubai.org
Sur 2 week-ends en février.
Sponsorisé par Emirates Airlines, le plus grand festival de littérature du Moyen-Orient attire plus de 40 000 visiteurs par an qui viennent rencontrer des écrivains de renommée mondiale, écouter des lectures ou des débats, et participer à des ateliers.

MARS

ART DUBAI

DIFC
✆ +971 0 4 653 1400
www.artdubai.ae
Info@artdubai.ae
5 jours, généralement la troisième semaine de mars.
C'est le plus grand salon d'art contemporain du Moyen-Orient, d'Afrique et d'Asie du Sud-Est. Tous les ans pendant quatre jours, ce sont près d'une centaine de galeries des Emirats et du monde entier qui exposent le travail d'artistes de la région.

DUBAÏ WORLD CUP

Meydan Race Track
✆ +971 4 327 0077
www.dubairacingclub.com
info@dubairacingclub.com
Le dernier samedi du mois de mars.
Avec un prix de 12 millions de dollars américains pour le vainqueur de la coupe, la très courue Dubai World Cup est la course de chevaux la mieux dotée de la planète. La journée se déroule avec des brunchs, déjeuners et dîners sur place.

© DUBAI WORLD CUP
Dubaï World Cup.

MIDDLE EAST FILM & COMIC CON (MEFCC)

Dubai World Trade Center
www.mefcc.com – info@mefcc.com
2 jours début mars. Billets et Pass de 1 à 3 jours disponibles. Gratuit en dessous de 5 ans.
Le plus grand festival de pop culture au Moyen-Orient fait fureur puisque plusieurs dizaines de milliers de visiteurs s'y pressent chaque année. En plus des rencontres avec des artistes du monde de la BD, du manga et du cinéma, le festival organise une compétition de cosplay, et propose de nombreux ateliers.

RESTER INFORMÉ SUR TOUS LES ÉVÉNEMENTS DE DUBAÏ

Voici quelques webs et applications à télécharger afin de bien rester informé des différents événements, manifestations, concerts lors de votre séjour à Dubaï mais aussi de la multitude d'activités qu'offre la ville.

- **www.visitdubai.com**, aussi disponible en application : voici LE site qui vous donne toutes les informations sur les types d'attractions, les dernières informations.
- **www.dubaicalendar.com** qui peut aussi se télécharger en application : très pratique, il liste tout ce qui se déroule dans la ville.
- **www.dubai360.com**, aussi disponible en application : très pratique, cet outil vous permet de voir des photos 360° de tous les grands sites à visiter et un grand nombre de boutiques, de centres commerciaux, de musées. Ainsi vous pourrez identifier sans vous perdre tous les lieux que vous avez programmé de parcourir.
- **Et pour poster** toutes vos découvertes sur Dubaï, le # officiel est #MyDubai.

SIKKA ART FAIR

Al Fahidi District
www.dubaiculture.gov.ae
9 jours à la mi-mars.
Pendant dix jours, diverses installations créées par des artistes locaux spécialement pour l'endroit voit le jour dans le quartier historique d'al-Fahidi (anciennement Bastakiya).

AVRIL

AL MARMOOM HERITAGE FESTIVAL

E66, Al Lisaili
Dubai Camel Racing Club
DÉSERT
✆ +971 05 567 60006
www.almarmoomfestivals.ae
A cheval entre le dernier week-end de mars et la première quinzaine d'avril.
A l'occasion de ce festival, des milliers de dromadaires de compétition venant du Moyen-Orient tout entier s'affrontent dans des courses journalières. A ne pas manquer si vous êtes dans les parages. C'est aussi une occasion unique de rencontrer la population locale et de découvrir les coutumes locales au sein du village bédouin.

RAMADAN

En avril et mai pour l'année 2022.
C'est un mois durant lequel la piété et la prière occupent une grande place. Les horaires de travail dans les bureaux sont réduits et ceux des magasins sont modifiés. Musulmans ou pas, les habitants de Dubaï se mettent à l'unisson d'un rythme scandé par les Iftar et les Suhoor (nom des repas qui se prennent au coucher du soleil et tard dans la nuit).

MAI

LE FESTIVAL GASTRONOMIQUE DE DUBAÏ

www.visitdubai.com
info@visitdubai.ae
En général à cheval entre mars et avril.
Pendant quinze jours, Dubaï célèbre la diversité culinaire. Des restaurants

© CLICKSAHEAD – SHUTTERSTOCK.COM

Musiciens dubaïotes, Dubaï City.

éphémères fleurissent sur les plages, des food trucks venus d'Europe s'installent temporairement et certains restaurants chics proposent des menus dégustation à prix doux.

AL GAFFAL 60FT TRADITIONAL DHOW RACE

Dubai International Marine Club
✆ +971 04 399 5777
www.dimc.ae
info@dimc.ae
En mai.
Cette course commémorant le retour (en arabe : Al gaffal) des pêcheurs de perles qui revenaient chez eux après de longs mois en mer, voit tous les boutres traditionnels (18 m de long) des alentours se réunir pour rejoindre la côte de Dubaï depuis l'île inhabitée de Sir Bu Na'air. Une occasion rêvée pour prendre de fantastiques photos !

JUIN

DUBAI SUMMER SURPRISES

www.visitdubai.com
info@visitdubai.com
De fin juin à septembre.
Festival familial lancé il y a près de vingt ans pour attirer des touristes l'été, le pendant estival du Dubaï Shopping Festival est un mélange de soldes attractives dans les *malls* et d'attractions pour enfants dans le reste de la ville.

NOVEMBRE

DP WORLD TOUR CHAMPIONSHIP

Earth Course
JUMEIRAH GOLF ESTATE
www.europeantour.com
Mi-novembre durant un week-end.
Depuis 2009, La Race to Dubai a pris le relais de l'Ordre du Mérite qui se déroulait en Espagne. Le DP World Tour Championship de Dubaï est le tournoi final de la saison et le mieux doté du circuit européen. Il se dispute sur le parcours Earth dessiné par Greg Norman.

SEMAINE DU DESIGN DE DUBAI

Dubai Design District
www.dubaidesignweek.ae
info@dubaidesignweek.ae
Une semaine pendant la deuxième semaine de novembre.
Semaine de la création dans différents domaines comme l'architecture, l'ameublement, le design et les arts graphiques.

DÉCEMBRE

RUGBY SEVENS

✆ +971 4 234 8885
www.dubairugby7s.com
dubai.7s@thesevens.ae
Généralement le premier week-end de décembre.
Tous les ans, ce tournoi de rugby à 7 rassemble tous les ans 12 équipes réparties en 4 poules de joueurs masculins et féminins dont des équipes françaises. A 35 minutes du centre de Dubaï, un immense stade accueille une foule dans une ambiance électrique et enthousiaste durant les trois jours du tournoi.

FETE NATIONALE DES EMIRATS ARABES UNIS

Le 2 décembre.
Ce ne sont pas seulement les Émiriens qui célèbrent cette date anniversaire, c'est toute la population qui épouse la liesse nationale

DEIRA, BUR DUBAI, SATWA

La maison du poète Al Oqaili.

IMMANQUABLE DANS CE QUARTIER

- Découvrir l'influence perse dans le quartier d'Al Fahidi.
- Prendre un thé à Mazmi café au bord de la Creek.
- Visiter le musée de Saruq al-Hadid.
- Traverser la Creek en abra pour rejoindre le souk des épices et de l'or.
- Se plonger dans l'histoire des Emirats arabes unis à Etihad Museum.

DEIRA
GOLFE D'ARABIE
0
450
Sheikh Jumah Al Maktoum House
Al Ghubaiba
Diving Village
Al Shindagha Tunnel
Sheikh Saeed Al Maktoum House
Corniche Road
Marché aux poissons
Al Ras
Gare routière
AL RAS
Heritage House
DEIRA
Baniyas Road
Palm Deira
Ecole Al Ahmadiya
Ahmedia Heritage Guesthouse
Al Khor Street
Souk de l'Or
AL DAGAYA
Al Khaleej Road
Al Ras Road
St. George
Musée du poète
Souk aux Epices
Souk aux Parfums
28C
Al Sabkha Road
AYAL NASIR
Hyatt Golf Club
CORNICHE DEIRA
Souk aux Textiles
Abra
AL BUTEEN
Sikkat Al Khail Road
Alsoor Street
Al Souk Al Khabeer
Souk
Florida hotel
Grande Mosquée
Dubaï Museum
Baniyas Road
Al Musallah Street
AL MURAR
Souk Naif
Deira Street
Naif Park
Bastakiya
Orient Guest House
Al Burj Street
18
Naif Road
Saeediya
XVA Gallery
25
NAIF
45
Baniyas Square
12B
Dubaï Creek
Al Seef Road
Baniyas Square
Al Nakhal Road
Burj Nahar R/A
Al Maktoum Hospital Road
41
16C
Cimetière
Cimetière
Hôpital Maktoum
Omar Bin AlKhattab Road
Al Muttena Road
Baniyas Road
Dubaï Creek
Al Maktoum Road
AL RIGGA
19A
AL HAMRIYA
8
Fish R/A
AL MUTEENA
Taxi Station
Union Square
Sheikh Khalifa Bin Zayed
BurJuman
Omar Bin Al Khattab Road
9
Salahuddin Road
Salahuddin
Etisalat
Al Rigga Road
Al Seef Road
UMM HURAIR 1
Sheraton Dubaï
Creek Tower
National Bank of Dubaï
Al Jazira Street
11
Chambre de Commerce et de l'Industrie
5
Dhow Wharfage
Hilton Dubaï Creek
AL MURAQQABAT
4
Baniyas Road
AL RIGGA
37
Al Rigga
Curiosité et souk
Principaux buildings
Gare routière
Hôtel et hébergement
Hôpital
Station d'abras
Station de métro
Ligne de métro
Clock Tower R/A
Abu Bak
Marktoum Bridge
Al Rigga Road
AL KHABAISI

BUR DUBAÏ

Golfe d'Arabie
PORT RASHID
AL MINA
Musée de Shindagha
Al Khaleej Road
Carrefour
Al Ghubaiba Road
Sheikh Jumah Al Maktoum House
Sheikh Saeed Al Maktoum House
Diving Village
Saruk Al Hadeed
Al Fahidi
Al Ghubaiba
BUR DUBAÏ
Gare routière
Barjeel Guesthouse
AL RAS
Baniyas Road
Heritage House
École Al Ahmadiya
Souk de l'Or
Al Ras Road
Zone du Souk
St. George
Musée du poète
Souk aux Épices
Souk aux Textiles
Diving Village
Grande Mosquée
Dubaï Museum
Arabian Courtyard
Bastakiya
Orient Guest House
XVA Gallery
Al Mina Road
Vers le Capitol Hotel
Sea View
AL RAFFA
Cimetière
Cimetière
Cimetière
Rolla Street
Kuwait Road
Al Raffa St.
Al Nahdah Street
Al esbij St
Al Fahedi St.
Khalid Bin Al Waleed Road
Al Hisn St.
Al Mankhool Road
Al Mussalla Road
Saeediya
Four Points Sheraton
Cimetière
AL MANKHOOL
AL HAMRIYA
Ambassade du Canada
Ambassade du Royaume-Uni
Al Seef Road
Dubaï Creek
Burjuman Centre
Burjman
Sheikh Khalifa Bin Zayed St.
UMM HURAIR 1
KARAMA
Al Seef Road
Za'abeel Road
Kuwait Road
Parc
Poste
Khalid Bin Al Waleed Road
Parc
Dubaï Creek
Umm Hurair Road
Tariq Bin Ziyad Road
UMM HURAIR 2
Al Naser Club
Oud Metha
OUD METHA
Vers l'American Hospital, la Wafi City, le Raffles Hotel, le Healthcare city, le Grand Hyatt Hotel
Hôpital Rashid
0
450 m
N
Curiosité et souk
Centre commercial
Ambassade
Poste
Gare routière
Hôtel et hébergement
Hôpital
Station d'Abras
Station de métro
Ligne de métro

DEIRA, BUR DUBAI, SATWA

Surnommé le « Vieux Dubaï », c'est le quartier historique du petit émirat. Les immeubles seventies narguent le quartier perse retapé, les quais de la Creek bordent l'ancien quartier restauré des cheikhs et les souks offrent au touriste ébahi un Dubaï qu'il ne soupçonnait pas.
La population qui y habite et y travaille est essentiellement indienne, pakistanaise et iranienne. Le quartier est coloré aux antipodes du Dubaï moderne. Pour s'y retrouver, le quartier est divisé en trois zones à l'identité propre. C'est un quartier à découvrir soit en matinée soit en fin d'après-midi, et encore mieux le soir lorsque les rues grouillent d'une population venue de tout le sous-continent asiatique et du Moyen-Orient. A éviter le vendredi jusqu'à 16h car tout est fermé.

Deira qui signifie la « forme ronde », est collé à l'aéroport et est séparé de Bur Dubaï par la Creek. La partie nord est limitrophe avec l'émirat de Sharjah. C'est le quartier des souks de l'or, des épices et des textiles. C'est aussi le quartier historique des affaires.

Bur Dubai comprend le quartier historique de Shindagha en bord de Creek et celui de Fahidi (anciennement Bastakiya) et le nouveau bord de Creek aménagé Al Seef. C'est le quartier des musées, des galeries d'art, là où l'on peut découvrir l'histoire de Dubaï avant la découverte du pétrole. C'est généralement par celui-ci que débutent toutes les visites.

Satwa est le quartier babélique aux langues vernaculaires, un lieu plein de vie, loin du bling-bling. On peut aussi se balader pour découvrir l'art urbain qui s'invite sur la rue 2nd of December. Satwa est flanqué côté littoral par Etihad Museum pour se terminer sur Cheikh Zayed Road.

VISITER

Ce quartier se visite de préférence tôt le matin ou en milieu d'après-midi en évitant le vendredi à l'heure de la prière entre midi et quartorze heures. Compter environ 1 grosse demi-journée. Nous vous conseillons l'itinéraire suivant qui se fait entièrement à pied. Commencer par le quartier historique d'Al Fahidi situé à Bur Dubaï, puis rejoindre la Creek en passant par le souk des textiles. Continuer le long des quais en direction du quartier des musées de Shindagha en rénovation. Revenir vers la station des abras et prendre un petit bateau-taxi pour rejoindre le souk des épices et de l'or situé à Deira. Rejoindre le souk al Naïf à travers les petites ruelles.

ISLAM : RELIGION OFFICIELLE

Les Emiriens sont des musulmans d'obédience sunnite suivant les écoles malikite ou hanbalite. De nombreux disciples de cette dernière école sont des wahhabites. Formée par les descendants des marchands perses, quelques chiites observent leurs règles.
Awqaf est l'organisme étatique qui régule toute la vie des mosquées ainsi que leurs messages. L'Etat décide seul d'octroyer le titre d'iman et oblige les plus jeunes à lire le texte officiel lors du sermon de la grande prière. Au fur et à mesure de leur ancienneté, les imans peuvent commencer à écrire leurs propres sermons mais sous l'œil attentif des autorités. Aucune déviance intégriste n'est tolérée.
Les 5 piliers de l'islam régissent toute la vie religieuse :

- **Shahâda.** C'est la profession de foi. Elle tient en une seule phrase : « Il n'y a de Dieu qu'Allah et Mahomet est son prophète. »
- **Salat.** Prière rituelle. Elle doit être prononcée cinq fois par jour, en langue arabe et face à La Mecque. L'appel à la prière est lancé par le muezzin du haut du minaret de chaque mosquée (de plus en plus souvent par haut-parleur, voire bande sonore enregistrée !), à des moments déterminés par la position du soleil. La première prière est celle de l'aurore, vers 4-5h du matin. En général, la plupart des musulmans accomplissent ce rituel dans l'enceinte de la mosquée. Mais il n'est pas impossible de les voir en prière dans les lieux publics. L'objectif gouvernemental est de construire des mosquées tous les 500 m environ, de sorte que chaque pratiquant puisse facilement s'y rendre plusieurs fois par jour. Dubaï en compte plus de 515. Dans tous les cas, la prière s'accompagne de rituels précis : les fidèles doivent procéder aux ablutions, étendre un tapis pour se protéger des impuretés du sol et se tourner vers La Mecque. La prière commence toujours par la récitation de la première sourate (ou chapitre) du Coran.
- **Sawn.** Jeûne d'un mois que les musulmans de plus de 11 ans sont tenus d'observer pendant la période du Ramadan. Au cours de la journée, entre le lever et le coucher du soleil, les pratiquants doivent s'abstenir de manger, de boire, de fumer et d'avoir des relations sexuelles. Ils sont également encouragés à accomplir de bonnes actions et à éviter de se laisser emporter par la colère, l'envie, la jalousie, les insultes et les médisances.
- **Zakat.** Aumône légale, dont le montant est déterminé par le Coran. C'est un impôt religieux, prélevé par le ministère et qui représente 2,5 % de la richesse personnelle, que chaque musulman a le devoir de payer au profit des nécessiteux.
- **Haj.** Pèlerinage à La Mecque que tout musulman est supposé accomplir, ne serait-ce qu'une fois dans sa vie s'il le peut économiquement et s'il a la santé pour s'y rendre.

© IAMJAMEER – SHUTTERSTOCK.COM

Etihad Museum.

ETIHAD MUSEUM ★★

Intersection avec 2nd of December Jumeirah Road, Satwa
✆ 80033222
etihadmuseum.dubaiculture.ae
Arrêt bus : Dhiyafa

Ouvert tous les jours de 10h à 20h. A partir de 33,10 AED par personne incluant l'entrée au musée Al Shindagha. Gratuité pour les personnes à mobilité réduite et pour les enfants de moins de 5 ans.

PERLE

La prospérité de Dubaï, bien avant la découverte du pétrole, reposait sur la pêche aux perles. On estime qu'au début du XXe siècle, environ 1 000 bateaux perliers sillonnaient les eaux de la région. Le musée de la ville reconstitue en détail une scène de cette activité économique, qui a assuré la survie des populations de la région pendant de nombreuses années. Les Emiriens d'aujourd'hui ont presque tous un arrière-grand-père qui faisait l'été sur les bancs d'huîtres, à se torturer les doigts sur la pinctada pour qu'un jour chez Cartier on en fasse un collier. Au tournant du XXe siècle, l'activité impliquait jusqu'à mille équipages de dix-huit hommes entre 10 et 50 ans qui partaient pendant quatre mois lors de la saison d'été : cinquante fois par jour, le plongeur, équipé d'une pince nasale faite à partir de carapace de tortue et de doigtiers en peau de chèvre, rejoignait le fond lesté d'une pierre puis, moins de deux minutes plus tard, chargé de coquillages, se laissait tirer par une corde vers la surface. Le soir venu, après un maigre dîner, tous ensemble ils ouvraient alors les huîtres pour dénicher l'éventuel trophée gardé, bien sûr, par le capitaine du bateau. Tous esclaves de la nacre, or blanc de l'époque.

Inauguré le 2 décembre 2016, ce musée a été édifié sur le site même où fut signé le décret qui donna naissance aux EAU.
Le musée explique au pèlerin émirien ou au visiteur curieux, combien le charisme de Cheikh Rashid al Maktoum et de Cheikh Zayed al Nayhan furent déterminants pour fédérer les petits émirats.

FORT AL-FAHIDI ★★

Al-Fahidi Street
Bur Dubai
✆ +971 4 353 1862
www.dubaiculture.gov.ae
dubai.museum@dubaiculture.ae
Métro Al Fahidi ou Al Ghubaiba
Le musée est fermé pour rénovation Pas de date de réouverture.
En attendant sa réouverture, on peut admirer de l'extérieur le fort historique de Dubaï érigé entre le souk Al Kabir et le quartier d'Al Fahidi. Bâti en 1787 pour protéger la ville des invasions étrangères, il est un magnifique exemple d'architecture traditionnel d'édifices défensifs de la région. A l'extérieur trône un magnifique dhow, bateau utilisé pour la pêche à la perle. Plus tard, le fort servit d'arsenal et de prison. Il fut rénové puis ouvert au public en 1971.

JAMEEL ARTS CENTRE

Culture Village
Al Jaddaf
✆ +971 4 873 9800
www.jameelartscentre.org
hello@artjameel.org
Ouvert de 10h à 18h du samedi au mercredi et de midi à 20h les jeudis et vendredis. Fermé les mardis.
Le Jameel Arts Centre est l'un des premiers instituts d'art contemporain à but non lucratif de Dubaï. Le complexe de 10 000 mètres carrés construit par « Serie architects » est un espace pluridisciplinaire dédié à l'exposition, la promotion et la création d'art à travers le Moyen-Orient et au-delà, offrant des expositions commissionnées, avec des œuvres provenant de la Jameel Art Collection.

Fort Al-Fahidi.

MAISON DE LA CALLIGRAPHIE

Maison N°4
Al Fahidi Neighborhood
Métro al Fahidi, tout près du centre Sheikh Mohammed Centre for Cultural Understanding.
Le maître calligraphe est présent plutôt en matinée. Fermé le vendredi.
Ne pas hésiter à pousser la porte de cet atelier souvent habité par le maître Abdul Fattah et avec un peu de chance ce sera une occasion pour tous les amoureux de la calligraphie d'engager une belle conversation.

MAISON CHEIKH SAEED AL MAKTOUM ★★

Al Shindagha area
Bur Dubai
✆ +971 4 393 7139
www.dubaiculture.gov.ae
info@dubaiculture.ae
Métro Al Ghubaiba
Ouvert du samedi au jeudi de 8h à 20h30, ouverture de 15h à 20h30 le vendredi. 3 AED pour les adultes et 1 AED pour les enfants de moins de 6 ans. Au moment où nous finalisons ce guide, la maison est toujours fermée pour rénovation. La date avancée pour sa réouverture est annoncée pour fin 2022.
La maison est un exemple raffiné de l'architecture de la fin du XIXe siècle. Exposition intéressante sur les différents stades de croissance de la ville, maquettes de bateaux et éclairage sur la famille fondatrice de Dubaï.

MAISONS N°19 ET N°20 AL FAHIDI

19 et 20 Al Fahidi Neighborhood
Al Fahidi, Bur Dubai
Métro Al Fahidi
Entrée libre.
Construite en 1925, cette maison de deux étages est un bon exemple d'habitation ancienne, avec ses tours à vent, ses murs de gypse et ses ornements intérieurs sculptés et noircis au charbon. La cour intérieure est aujourd'hui couverte et clima-

Maison Cheikh Saeed Al Maktoum.

© MUSÉE AL SHINDAGHA

Musée Al Shindagha.

tisée. La maison a été restaurée et aménagée en centre municipal, qui accueille réunions, conférences ou événements culturels. Elle se trouve au numéro 19 et le matin, des femmes émiriennes pratiquent le Téli, sorte de tissage de fils de toutes les couleurs qui viennent ornementer les habits.

MUSÉE AL SHINDAGHA

Al Shindagha
✆ +800 33222
Ouvert tous les jours sauf le mardi de 10h à 20h. A partir de 33,10 AED par personne incluant l'entrée au musée du parfum.
Vidéos interactives, écrans tactiles, photographies et objets anciens permettent de comprendre l'évolution spectaculaire de cette ville, depuis toujours commerçante. Si l'on ne devait aller que dans un musée pour comprendre l'histoire de Dubaï, ce serait celui-ci. Petit, mais très bien fait, il permet d'abord de comprendre l'histoire de la région à travers plusieurs cartes qui situent la ville et ses relations avec le reste du monde.

MUSÉE DE LA FEMME ★★

Deira
Vieux Souk de l'Or
✆ +971 4 234 2342
www.womenmuseumuae.com
woman@womenmuseumae.com
Métro Al Ras.
Ouvert du dimanche au jeudi de 10h à 17h30. 20 AED par personne. Pour réserver un tour : écrire un mail à l'avance.
En plein milieu du souk de l'or, Bait al Banat, littéralement la maison des femmes, rend hommage à ces femmes, qui loin d'être soumises ou inexistantes, ont aidé à façonner le pays. Le musée présente au rez-de-chaussée des costumes et masques traditionnels, une rétrospective de celles qui ont marqué le pays ainsi qu'une très belle collection de photos. A l'étage, exposition d'artistes émiriennes.

Musée du Café.

MUSÉE DU CAFÉ ★

Bur Dubai
44 Al Fahidi Historical Neighbourhood
✆ +971 4 353 8777
www.coffeemuseum.ae
info@coffeemuseum.ae
Métro Al Fahidi

Ouvert de 9h à 17h. Fermé le vendredi.

Ce charmant petit musée est dédié à l'histoire du café. À l'étage, se trouve une salle de lecture réservée aux textes, avec des spécimens allant du XVIIIe siècle jusqu'à nos jours, et un café où l'on peut finir sa visite en goûtant un échantillon bien corsé.

MUSÉE DES ILLUSIONS

Bur Dubai
Al Seef Heritage Area
✆ +971 0 4 357 3999
www.museumofillusions.ae
info@museumofillusions.ae

Ouvert de 10h à 22h et jusqu'à minuit du jeudi au samedi inclus. Prix par adulte : 80 AED. Enfant de 5 à 15 ans : 60 AED. Enfants de moins de 5 ans : Gratuit. Prix spécial pour les familles, 2 adultes et 2 enfants : 225 AED. Spécial : 5 billets famille et amis : 320 AED.

Le musée des Illusions, qui se trouve dans le quartier d'Al Seef, offre la plus grande collection d'illusions optiques du monde. Les enfants et les plus grands vont aimer se laisser prendre à chaque attraction. Armez de votre smartphone, vous allez prendre des clichés surprenants : Toute la famille va se prendre au jeu, toutes générations confondues.

MUSÉE DU PARFUM

Al Shindagha

Ouvert tous les jours de 10h à 20h sauf le mardi. A partir de 33,10 AED par personne incluant l'entrée au Musée de Etihad et Shindagha. Prix pour adultes de plus de 24 ans : 15 AED. Entre 5 & 24 ans : 5 AED. Famille de plus de 5 personnes : 10 AED par

personne. Gratuit pour les personnes avec handicap. Le ticket vous donne accès au musée de Shindagha.
Le musée est dédié au parfum et à son importance capitale dans la tradition et la culture émiraties. Le musée commence par une expérience sensorielle qui permet de prendre conscience de l'importance et des caractéristiques des différentes essences venues des contrées lointaines. Puis, le visiteur peut découvrir les us et coutumes autour de l'oud,

MUSÉE DU POÈTE AL OQAILI ★

Al Ras
✆ 80033222
www.dubaiculture.gov.ae
info@dubaiculture.ae
Ouvert du dimanche au jeudi de 8h à 14h. Fermé les vendredis et samedis. Entrée libre.
La demeure d'Al Oqalili se compose de 9 pièces à travers lesquelles le visiteur découvre le mobilier, la cuisine, l'œuvre du célèbre poète, qui y vécut jusqu'à sa mort en 1954.

MUSÉE PRIVÉ DE LA PERLE ★★

Deira
Baniyas Street
www.pearlmuseum.ae
Métro Al Rigga ou Union Station
Ouvert du dimanche au jeudi et de 9h à 15h. Réservation uniquement et par email. Se rendre sur le site web du musée de la Perle, onglet « visit us » pour prendre rendez-vous.
Ce petit musée est un bijou, il vaut vraiment la peine d'essayer ! Vous découvrirez alors la très belle collection, léguée par Sultan al Owais, fils d'un riche marchand de perles. La visite commence par la projection d'un film d'une douzaine de minutes que l'on peut avoir en version française. Vous pourrez admirer ensuite des perles époustouflantes, avant de terminer avec une exposition sur la monnaie.

DEIRA, BUR DUBAI, SATWA

© GLEN BERLIN – SHUTTERSTOCK.COM

Musée du Poète Al Oqaili.

MUSÉE SARUQ AL-HADID ★★

311 Al Shindagha
✆ +971 4 359 5612
www.saruqalhadid.ae
saruqalhadid@dm.gov.ae
Métro Al Ghubaiba

Ouvert du dimanche au mercredi de 8h à 20h et les jeudis et samedis de 8h à 14h. Fermé le vendredi. 20 AED et 10 AED pour les enfants de 7 à 12 ans. Gratuit pour les adultes de plus de 60 ans et les enfants de moins de 6 ans.

Le site archéologique de Saruq Al-Hadid fut découvert par Sheikh Mohammed bin Rashid al Maktoum (vice-président des Émirats) lors d'un vol en hélicoptère. C'est dans cette maison historique qu'est présentée une collection des objets trouvés sur place. La visite commence par un film qui retrace les mystères autour de ce site. Un guide local vous emmènera découvrir la collection après.

© CATHYLINE DAIRIN

Ustensiles traditionnels.

QUARTIER AL SEEF

Bur Dubai
AL SEEF

Balade libre.

Le quartier d'al Seef se situe dans Bur Dubaï, le long de la Creek, collé au quartier d'Al Fahidi. Inauguré en 2017, il a pour mission de rendre hommage aux racines culturelles de l'émirat en offrant une reconstitution des maisons traditionnelles dotées de tours à vent. Il offre une vue unique sur la Creek.

QUARTIER HISTORIQUE AL-FAHIDI (BASTAKIYA) ★★★

Al Fahidi historical neighbourhood
Bur Dubai
Arrêt Bus Dubai Museum.
Métro Al Fahidi.

1h de visite libre. Le quartier est ouvert toute la journée aux visiteurs même après le coucher du soleil. Il vaut mieux le visiter entre 10h et 17h. On peut aussi réserver une visite. Voir Sheikh Mohammed Centre for cultural Understanding ou un des guides francophones.

Le quartier d'Al Fahidi était anciennement connu sous le nom de Bastakiya, qui tenait son nom de la communauté bastaki, d'origine iranienne, qui s'était installée au bord de la Creek vers 1800. C'est sans aucun doute le quartier le plus pittoresque, le plus riche architecturalement et le plus attachant de la ville. Sa visite permet de découvrir ce que fut Dubaï avant la découverte du pétrole. Le quartier se compose d'un dédale de rues propices à la flânerie, à la découverte d'une cinquantaine de maisons traditionnelles abritant des tours à vent et restaurées à l'identique. La plupart des habitations abritent désormais

© EMMANUELLE JOURDEUIL

Souk des épices et de l'or.

des centres culturels, des galeries d'art, des musées, un petit souk, des cafés-restaurants et même un hôtel : plus personne n'y habite. N'hésitez pas à pousser les portes pour découvrir le charme des cours intérieures et à gravir les escaliers menant aux terrasses d'où de très belles perspectives se déploient sur les toits et les tours du quartier.

QUARTIER HISTORIQUE DE SHINDAGHA

Bur Dubai
Shindagha
✆ +971 4 353 1862
www.dubaiculture.gov.ae
dubai.museum@dubaiculture.ae
Métro Al Fahidi ou AL Ghubaiba.
On peut déambuler librement dans ce quartier, mais nous recommandons à partir de 10h et jusqu'au coucher du soleil.
Il est l'ancien quartier émirati et de ses souverains et se situe le long de l'embouchure de la Creek. Restauré (presque trop) ces dernières années, le quartier a pour vocation d'abriter une vingtaine de musées à terme.

SPICE & GOLD SOUK ★★

Al Abra Street
Deira
Arrêt Big Bus Abra Station
Métro Al Ras
Ouvert de 10h à 14h et de 17h à 23h. Fermé le vendredi à l'heure de la prière entre midi et quatorze heures.
Dans cette longue allée couverte, il faut se frayer un chemin entre les minuscules échoppes et les étals, guidé par des effluves enchanteurs et attiré par le jaune ou l'ocre de poudres mystérieuses : safran, curcuma, pétales de rose en provenance d'Inde ou d'Iran.
A quelques minutes à pied se trouve le Gold Souk. Possibilité de négocier dans les deux marchés, surtout si vous payez cash.

SE RESTAURER

Contrairement au reste de Dubaï, les quartiers historiques de Bur Dubaï et Deira comptent de nombreux petits restaurants de cuisine locale à petits prix. Dans un cadre typique, vous pouvez ainsi vous régaler d'une bonne cuisine émiratie, libanaise ou pakistanaise. Bien sûr, les fans de cuisine internationale et contemporaine trouveront aussi leur bonheur dans le coin car les tables gastronomiques ne manquent pas. Il faudra souvent payer en cash, vous ne trouverez pas d'alcool mais en revanche vous aurez un contact plus direct avec la mosaïque des nationalités qui vivent à Dubaï surtout si vous y allez le soir.

SUR LE POUCE

AL REEF LEBANESE BAKERY

Al Karama
34 Za'abeel Street
✆ +971 4 396 8999
Ouvert 24/24h. Compter 40 AED.
Située dans le quartier populaire d'al-Karama, Al Reef Bakery vend l'une des meilleures manakish de la ville. Ce snack libanais très répandu à travers le Moyen-Orient est un pain plat sur lequel on répartit du zaatar, du fromage akkawi, ou bien encore de la viande hachée avant de faire cuire le tout dans un four en brique ; un encas idéal pour être rassasié rapidement tout en se régalant.

BIEN ET PAS CHER

AL MALLAH

Satwa
2nd December Street
✆ +971 4 398 4723
www.almallahuae.com
help@almallahuae.com
Métro le plus proche Al Jafiliya.
Ouvert tous les jours de 7h à 2h du matin. Le vendredi à partir de 9h. Compter 50 AED.
Au coin d'une rue agitée, Al Mallah régale les passants depuis bientôt trente ans. Si ce restaurant libanais sert aujourd'hui de grands classiques tels que falafels et mezzés, c'est sa shawarma qui l'a rendu célèbre et pour laquelle on s'y presse le plus souvent. A en croire le magazine *Time Out Dubaï*, ce serait l'une des meilleures de tout l'émirat !

CAFÉ ARABE

C'est la boisson nationale, celle qui tient une place significative et de choix dans la culture traditionnelle. Toujours aromatisé d'un soupçon d'épices (généralement de la cannelle ou de la cardamome), le café arabe est servi noir et sans sucre, accompagné de quelques dattes pour en réduire l'amertume. C'est la boisson que les Emiratis proposent systématiquement à leurs hôtes, en signe de respect et de bienvenue, et cette offre s'accompagne toujours d'un rituel qu'il convient de respecter. En général, la politesse locale veut que l'on boive 3 tasses de café (très petites !).

AL SAFADI

Deira
Rigga Road
✆ +971 4 227 9922
www.alsafadi.ae
Métro Rigga
Ouvert de 9h à 1h du matin. Environ 100 AED par personne.
Tous les plats sont délicieux sur cette carte kilométrique et en particulier les feuilles de vigne qui ne sont ni amères ni acides. Ne pas hésiter à partager tant les quantités sont généreuses. Service très rapide et efficace. Pas d'alcool.

ANAS CAFETERIA

Deira St
✆ +971 4 252 3383
A côté de la mosquée Al Ghurair, à côté d'Al Manal Center.
Métro Baniyas Square.
Environ 15 AED pour un repas. Ouvert tous les jours de 8h à minuit.
Un bouiboui posé là à quelques mètres de la mosquée et qui n'offre que des tables en terrasse. Un shawarma délicieux, des plats à déguster sur place ou à emporter sans chichi. Un restaurant plein tout le temps surtout le soir. La pause idéale entre deux négociations dans le souk !

ARABIAN TEA HOUSE

Al Fahidi historical district
Bur Dubai
✆ +971 4 353 5071
www.arabianteahouse.net
branch01@arabianteahouse.co
Métro Al Fahidi
Ouvert de 7h à 22h30. Petit déjeuner : Environ 50 AED. Repas à partir de 70 AED.
Atypique et pittoresque à la fois, ce café, installé dans la cour intérieure

Arabian Tea House.

d'une vieille maison de Bastakiya, a plus de charme que les bars des hôtels voisins. Service dès l'heure du petit déjeuner, belles salades.

BAYT AL WAKEEL

Souk du textile, le long de la Creek près de la banque Baroda
Souk Al Kabeer
Bur Dubai
✆ +971 4 353 0530
www.wakeel.ae
rafi@alrafi.ae
Arrêt Big Bus Old Souk.
Métro Al Ghubaiba.
Ouvert de 11h à 23h30. Compter 70 AED.
C'est le cadre typique de ce restaurant installé dans un bâtiment de 1935 protégé par la direction du Patrimoine qui vous séduira le plus car la cuisine est convenable mais sans prétention. Large ponton ombragé au-dessus des eaux.

BETAWI CAFÉ

Bur Dubai
Al Karama
✆ +971 4 454 2329
Derrière l'hôtel Park Regis Kris Kin.
Métro Burjuman ou ADCB.
Ouvert tous les jours de midi à 22h
Compter 70 AED.

Ce tout petit restaurant indonésien est une réelle trouvaille. La décoration de la salle est sobre mais agréable et le manager et son équipe sont aux petits soins pour expliquer le menu. Ici, tous les nasi goreng et autres gado-gado sont servis généreusement et épicés comme il faut. Un nouvel établissement de la même enseigne a ouvert également dans le quartier de JLT.

Autre adresse : Jumeirah Lake Towers (JLT), Lake level, Lake Terrace Tower, Cluster D

DELHI DARBAR

Al Sabkha Road, Naif, Deira
✆ +971 4 235 6161
www.delhi-darbar.com
suggestions@delhidarbar.ae
Arrêt Big Bus Gold Souk.
Métro Al Ras.
Ouvert de 8h à 00h30 tous les jours.
Compter 50 AED.

Une délicieuse cantine indienne plébiscitée par les habitants de Dubaï. D'ailleurs, c'est toujours plein, avec un brouhaha sympathique et des senteurs d'épices parfumées. Le poulet tikka est délicieux ainsi que les accompagnements de lentilles marinées.

LE PALMIER DATTIER

Comme le dromadaire, cet arbre est indissociable des régions arides et des paysages de sables et d'oasis. Pendant des décennies, il contribua à l'alimentation des peuples du désert, mais aussi à de multiples usages pratiques : son bois servait à la construction des bateaux, tandis que ses feuilles étaient transformées en paniers, matelas, jouets, et étaient employées également à l'édification des maisons... On l'appelait pour cette raison « la mère des pauvres ». De nos jours, la production du palmier dattier est une véritable industrie et son fruit est l'un des seuls produits agricoles émiratis exportés. La datte, bien meilleure dégustée fraîche et moelleuse que séchée, est d'ailleurs connue pour ses vertus nutritives, riche comme elle est en protéines, vitamines et minéraux. Assez peu exigeant, le palmier dattier supporte tout type de sol (même sablonneux et salin). Mais il met plusieurs années à donner des fruits et nécessite une pollinisation manuelle (comme la vanille !). Par ailleurs, il a besoin d'un arrosage minimal et régulier pour s'épanouir. Aux Emirats, c'est la technique du « falaj » qui est utilisée : un système d'irrigation ancestral développé il y a plus de 3 000 ans. En dehors de sa production dattière, le palmier favorise la pousse de plantes et de petits arbres fruitiers (figuiers, manguiers, citronniers, amandiers...), auxquels il procure une ombre salvatrice.

© DELHI DARBAR

Delhi Darbar.

RAVI RESTAURANT

Satwa
2nd of December
✆ +971 4 331 5454
Près de Rydges Plaza.
Ouvert de 5h du matin à 2h du matin. Compter 50 AED le repas.
Un petit pakistanais à la cuisine familiale comme on l'aime, un peu excentré par rapport au quartier de Jumeirah. Essayez le *haleem* et le *nihari*, plats pakistanais traditionnels. Prix doux.

XVA CAFE

Bur Dubai
Al Fahidi Neighborhood
✆ +971 4 353 5383
www.xvahotel.com
reservations@xvagallery.com
Métro Al Fahidi
Ouvert de 7h à 22h. Plat à partir de 65 AED.
Le patio ombragé de la maison d'hôtes la plus *arty fanatic* de la Côte des Pirates, pour un jus frais, une salade ou une assiette libanaise. Cet établissement agréable et unique en son genre affiche, en outre, des prix très corrects.

BONNES TABLES

AL MASHAWSI ALHALABYA

Derrière Al Tayer Motors, Street 6
Sunshine Building
Al Garhoud Deira
✆ +971 4 222 6660
Métro GGICO.
Ouvert tous les jours de 10h à 1h du matin. Aux alentours de 100 AED par personne. Pas d'alcool.
Le restaurant affiche souvent complet que ce soit à midi ou le soir. Si des dizaines de familles syriennes s'y rendent chaque jour, ce n'est pas pour la décoration qui fait plus penser à une grande cantine, mais pour la qualité et la finesse des plats qui y sont servis.

AL SEEF CREEK

Bur Dubai, Al Seef Dubaï Creek
✆ 800 637227 – www.alseef.ae
customerservice@meraas.ae
Sur la Creek à côté de l'ambassade britannique.
Ouvert tous les jours de 10h à 22h et jusqu'à minuit de jeudi à samedi. Entre 80 et 150 AED par personne.
Al Seef est un quartier nouveau à deux pas du quartier iranien Al Fahidi. C'est une reconstitution grandeur nature de ce qu'était Dubaï dans les années 1950, avec une succession de maisons de pêcheurs, de commerçants en perles, de vendeurs d'épices. Ce quartier s'étend sur presque 2 km le long de la Creek. La diversité de l'offre conviendra à tous les budgets en revanche la vente d'alcool n'est pas autorisée.

AWTAR

Sheikh Rashid Road
Grand Hyatt Dubai
✆ +971 4 317 2221
dubai.grand@hyatt.com
Près de Garhoud Bridge.
Métro Dubai Healthcare City.
Ouvert tous les jours. Jeudi et vendredi de 19h30 à 2h du matin. Du dimanche au mercredi de 19h30 à 2h30. Compter entre 200 et 300 AED et à partir de 22h, menu fixe à 230 AED par personne. Valet parking.
Excellent restaurant libanais, avec la touche Grand Hyatt en plus. Agneau grillé au feu de bois, délicieux shish taouk et kebabs… Les mezzés sont innovants et les salades fraîches croquantes à souhait. Le décor d'influence arabe se distingue surtout par ses lanternes de verre colorées : on a l'impression de dîner sous la tente cossue d'un Bédouin, danse du ventre en plus !

DUBAI CREEK GOLF & YACHT CLUB

Non loin du Park Hyatt
Baniyas Road, Deira
✆ +971 4 295 6000
dcgyc@dubaigolf.com
Métro GGICO

Le nouveau quartier d' Al Seef.

Ouvert de midi à minuit, jusqu'à 2h pour certains établissements. Vaste fourchette de prix susceptibles de convenir à tous les budgets.
Vue sur la Creek, voici un refuge entre terre et eau, à deux pas du golf. A l'offre : plusieurs tables de styles complètement différents, comme autant d'expériences culinaires dans une vaste fourchette de prix. Boardwalk offre une cuisine méditerranéenne avec des poissons frais, Casa de Tapas offre une ambiance jeune, Lakeview une sublime terrasse, Jones the Grocer une carte de plats bistrot tendance italienne, et Qd's un Lounge shisha dans une atmosphère lounge.

GUSTO

Dubai Creek, Al Bandar Rotana
Deira ✆ +971 4 704 2336
www.rotana.com
Métro Al Rigga ou Deira City Centre
Environ 250 AED par personne. Ouvert tous les soirs entre 17h et 23h. Les jours de fermeture sont variables donc mieux vaut appeler pour réserver afin d'éviter toute déception.
Et ce fut un émerveillement ! Voilà ce qu'on peut dire sur la vue irréelle que nous offre cette merveilleuse terrasse : en bas, les boutres et leur va-et-vient, témoignage d'un passé évanoui, et au fond les tours insolentes qui se dressent sur tout l'horizon. Deux Dubaï, deux époques, deux mondes ! Côté assiette, c'est une carte du marché, selon les arrivages version italienne.

KIKU

Airport road, Le Meridien Dubai Hotel § Conference Center
✆ +971 4 702 2455
www.kiku-dubai.com
restaurants.lmd@lemeridien.com
Métro Airport Terminal 1
Ouvert tous les jours de 12h30 à 14h30 et de 18h30 à 23h. Environ 150 AED par personne.
Une des meilleures tables japonaises selon le magazine *Time Out.* Le restaurant est séparé en plusieurs sections. On peut manger au bar, dans la salle centrale traditionnelle ou dans les salons privatifs à porte coulissante, assis en tailleur à la japonaise.

MAZMI CAFÉ

Creekside
Textile Souq
Bur Dubai
✆ +971 4 282 7252
www.mazmi.me
info@mazmi.me
Ouvert de 8h à 20h. Environ 70 AED par personne pour un déjeuner.
THE adresse à Bur Dubai. Cette Italienne mariée à un Emirien a ouvert ce café de charme au bord de la creek. Tout est réussi au niveau de la décoration et ce petit café a une des plus belles terrasses de Bur Dubai ! On aime passionnément.

MIRAN ERBIL IRAQI

Al Rigga
✆ +971 4 220 8020
miranarbil@yahoo.com
Métro Al Rigga.
Ouvert de 9h à 2h du matin tous les jours.
Bienvenue à Bagdad ! Installée depuis 1973, cette famille irakienne a gagné une réputation inébranlable grâce à la qualité de ses préparations. Les kebabs sont exceptionnels et tendres grâce à la graisse de la queue du mouton qui a été rajoutée à la préparation : divin !

MIZMAH EMIRATI RESTAURANT

61B Garhoud Street
✆ +971 4 525 0000
www.accor.com
HA103-FB@accor.com
Tout à côté du métro GGICO.
Ouvert pour le déjeuner de 12h30 à 15h30 et pour le dîner de 19h30 à 23h. Environ 150 AED par personne.
Quelle bonne idée d'aller dans un restaurant servant des plats émiratis ! Dans ce joli restaurant, installé au cœur du Grand Mercure Airport nous vous recommandons de prendre plusieurs plats et de les partager. Délicieux !

PIERRE'S BISTROT & BAR

Intercontinental
Festival City
✆ +971 4 701 1199
www.pierregagnaire.com
info@pierregagnaire.com
Ouvert pour le dîner uniquement, de 18h30 à 23h. Fermé le dimanche. Comptez 250 AED le repas.
Juste retour, le jeune commis de l'InterContinental Paris cuvée 1973 offre sa renommée et son talent ébouriffant à l'enseigne des fonds de la Creek. Loin du Sketch de Londres et du Pierre de Hong Kong, mais somme toute pas si loin de la rue Balzac, l'enchanteur d'Apinac supervise ces Reflets avec brio. « De l'amour, de l'art, de la technique » écrivaient Gagnaire et This. Oui, le trio est au programme comme nulle part ailleurs à Dubaï. Notre hôte, un génie libéré de son culinaire-vitae, sait la mesure et le goût. Ainsi ose-t-il une carte saisonnière courte tournée comme une série d'hommages : aux fromages, à la langouste, au tourteau, aux oursins, au bœuf. Larguez les amarres ici pour un grand souvenir de voyage. Rien de pareil à quelques milliers de kilomètres à la ronde.

SHABESTAN

Baniyas Road
Radisson blu Hotel Dubai Deira Hotel
Deira
✆ +971 4 205 7033

Pierre's Bistrot & Bar.

Métro Union Square
Ouvert de 12h30 à 15h, de 19h à 23h. Compter entre 200 et 300 AED.
La maison des délicatesses persanes, connue et fréquentée par les nombreux Emiriens d'origine iranienne. Aubergines frites, riz safrané, kebabs diaboliques et ses glaces à nulle autre pareilles. Musique en live tous les jours sauf le dimanche un peu envahissante, donc bien choisir sa table.

VIVALDI BY ALFREDO RUSSO

Sheraton Dubai Creek Hotel & Towers
Baniyas Street-Creek Road
✆ +971 4 207 1717
www.vivaldidubai.com
vivaldi.reservations@sheraton.com
Déjeuner : 12h – 15h. Dîner 19h – 23h. Brunch le vendredi soir de 18h30 à 22h. Lounge 12h – minuit. Environ 250 AED par personne.
Un restaurant avec une vue superbe sur la creek et Dubaï dans un cadre frais et lumineux. Vivaldi est un restaurant italien avec une très belle carte. A ne pas louper : le coucher de soleil sur la Creek !

LUXE

NOÉPE

Park Hyatt Dubai
Baniyas Road
Garhoud
✆ +971 4 602 1814
dubai.park.hyatt.com
dxbph-restaurantreservations@hyatt.com
Métro GGICO
Du dimanche au jeudi, ouvert de midi à minuit, Compter 200 AED le repas.
Sur le podium national des belles terrasses, celle-ci figure dans le top 5 ! Face au triple joli décor des yachts blancs de la marina et de la Creek, offrez-vous ici une escapade hyper-stylée et néanmoins *very cool*. Larges parquets de teck havane, canapés et tentures claires composent un espace suspendu dans l'air doux.

TWIGGY BY LA CANTINE

Park Hyatt
Dubai Creek Club Street
✆ + 971 4 602 1105
www.twiggy.ae
book@twiggy.ae
Ouvert de midi à 2h du matin. Environ 600 AED par personne.
Twiggy est une oasis au cœur de cet écrin de verdure qu'abrite le Park Hyatt. Ce restaurant, avec une vue imprenable sur la Creek, est le nouvel endroit chic et branché de la ville. Une ambiance zen autour de la piscine et une cuisine méditerranéenne avec un twist bien français pour le restaurant qui affiche souvent complet.

SHOPPING

Si vous souhaitez à tout prix sortir des encoignes internationales, voici votre quartier de rêve. Se promener le soir dans le souk Naïf est un dépaysement tel qu'on ne sait plus très bien si on est dans ce Dubaï flamboyant ou dans les rues d'une cité arabe ou en Inde. Couleurs chatoyantes des magasins de tissus, odeurs de kebab, familles entières déambulant dans les rues la nuit... Le quartier de Deira est le paradis de ceux qui aiment négocier et laisser leur créativité faire le reste tandis qu'on découvre des produits venus d'Inde, d'Afghanistan, de Perse, du Moyen-Orient et du Pakistan.

© SIRTRAVELALOT – SHUTTERSTOCK.COM

Souk Al Naïf.

CHUK PALU RUGS SHOW ROOM
Souk al Kabeer
✆ +971 503557109
www.chukpalu.com
info@chukpalu.com
Près du Mazmi Café
au bord de l'eau.
Ouvert tous les jours de 9h à 21h.
Rahim Walizada est un afghan dont les membres de sa famille sont artisans et antiquaires depuis plus de trois générations. C'est dans le souk d'al Kabeer niché près de la Creek, qu'est installée cette superbe boutique.

SOUK AL KABEER
A côté du Dubai Museum
Bur Dubai
Arrêt Big Bus Old Souk.
Métro Al Ghubaiba.

L'ARTISANAT AUX ÉMIRATS

Même s'il est difficile de trouver des produits issus de cet artisanat, il est perpétué par les femmes qui vivent en général en dehors des villes. Elles se regroupent en coopérative pour vendre le produit de leur travail. Souvent disponibles dans les festivals organisés pour perdurer ces traditions, vous trouverez parfois quelques souvenirs à ramener principalement dans la vieille ville.

- **Le teli**, tissé sur une planche en bois, est une broderie savante et colorée composée de fils dorés, argentés ou d'autres teintes, qui orne les cols et les manches des robes des femmes. Ces robes brodées sont portées à l'occasion des fêtes ou d'événements spéciaux. Ainsi, les jeunes filles les portent lors d'une cérémonie marquant leur mémorisation du Coran.
- **Le sadou** est une technique de tissage élaborée à base de laine, issue de la tonte des chameaux, moutons et chèvres, et teinte notamment grâce à des extraits naturels de henné et de safran. Les femmes bédouines réunies en petits groupes tissent des vêtements, coussins, tapis et tentes bédouines aux motifs géométriques colorés. Le sadou est classé sur la liste du patrimoine culturel immatériel de l'humanité par l'Unesco.
- **La vannerie de palmier ou *khous*** (prononcer *rous*) était largement utilisée pour confectionner les accessoires de la maison comme les paniers, tapis de sol, éventails…

10h jusque tard. Eviter la pause sieste, préférer venir le soir. Le vendredi fermé pendant la prière entre 13h et 15h
Construit tout en longueur et surmonté d'une charpente de bois, ce souk laisse filtrer la lumière du jour ce qui lui donne une atmosphère tamisée agréable pour se balader. L'ensemble est un peu propret mais les échoppes qui débordent d'étoffes donnent, heureusement, à ce marché des airs de vrai souk. Vous pourrez y acheter des souvenirs traditionnels classiques : étoles (*pashmina*), tuniques, babouches brodées.

SOUK AL NAÏF

Deira, Al Naïf
Non loin d'Al Naïf Police Station. A 5 minutes à pied du métro Baniyas Square. En taxi demander de vous déposer à Sabkha Main Bus station.
Ouvert de 9h30 à 23h30 et le vendredi après la prière vers 15h.
Aux amoureux de couleurs, de belles étoffes, d'accessoires de couture ou juste pour le plaisir des yeux, voici le souk qu'il vous faut. Se trouvent des dizaines de marchands de belles étoffes : soieries, brocarts, velours mais aussi des merceries offrant des milliers de références à des prix imbattables.

SOUK DES ÉPICES & DU PARFUM

Deira
Al Ahmadiya Street
Arrêt Big Bus Gold Souk
Métro Al Ras.
Ouvert de 10h à 22h, éviter l'heure de la sieste, entre 13h et 16h, car de nombreuses boutiques ferment. Le vendredi, éviter l'heure de la grande prière entre 13h et 15h.
Quelle belle enfilade de boutiques regorgeant d'épices venues d'Iran et du sous-continent indien. Les échoppes sont toutes tenues par des Iraniens qui vous déclineront en français les vertus de chacune d'entre elles. Par Sikkat Al Khail Street, gagnez le secteur des parfumeurs dans l'air embaumé d'attars et apprenez le secret de l'oud.

Souk des épices.

VASHU

En face du restaurant Shehar al Karachi
Souk al Kabeer
Bur Dubai
✆ +971 4 359 9227
Métro Al Fahidi. Demander le magasin, tout le monde le connaît dans le quartier. Derrière Aster Pharmacy de Bur Dubai.

Le tissu est vendu au mètre. Grandes soldes la premiere semaine de décembre. Ouvert de 9h à 22h30.

C'est une véritable caverne sur deux étages et qui vend tout ce qui peut se faire en tissus pour l'habillement : tissus imprimés, unis, déclinés dans toutes les couleurs et tous les prix. Tout le quartier regorge de marchands de tissus et il ne faut

LE MAJILIS

Le Majlis est probablement l'institution sociale et culturelle du monde arabe la plus importante.

En effet, il permet de comprendre les valeurs si chères au Bédouin comme la loyauté, la famille, l'honneur et le respect de la parole tenue. Pour les plus jeunes, elles sont enseignées au sein de ces salons familiaux. Les conversations et le temps passé ensemble à se connaître sont bien plus importants que les longs rapports et les présentations PowerPoint. Entourés de tapis orientaux, le Majlis offre un confort feutré où s'orchestre un ballet familial : les enfants rentrent, les cousins arrivent, les oncles repartent, les frères interviennent, on ne comprend pas toujours ce qui se passe, on pense perdre son temps, mais on en gagne tellement si l'on veut développer des relations amicales durables !

Le Majlis fait partie de cette hospitalité légendaire du Golfe. Depuis toujours, même dans les camps éphémères, une place est réservée à ces salons, tout le monde y est le bienvenu.

Chaque émirat fonctionne encore, de manière plus ou moins marquée, selon le schéma ancien du Majlis : conseil tenu par le cheikh choisi en raison de ses qualités et de la confiance qu'il inspire en sa loyauté. C'est à ce cheikh que la population est habituée à se référer pour les requêtes et les doléances relatives à tous les domaines de la vie publique ou privée (obtention d'une bourse, d'une parcelle de terrain, difficulté financière, lenteur des administrations...). Ce mode de fonctionnement ancien, qui repose sur l'autorité du cheikh local et sur le principe de la liberté de parole, a toujours cours dans les Émirats, tandis que se modernisent concomitamment les institutions locales et fédérales.

Loin de s'exclure, la modernité et la tradition se nourrissent l'une de l'autre, les cheikhs gardant un contact réel avec la population, tandis que les débats du Majlis s'ouvrent sur des perspectives politiques nouvelles.

Échoppe de chaussures traditionnelles.

pas hésiter à pousser les portes pour découvrir de vrais trésors.

WAFI MALL & SOUK KHAN MURJAN

Bur Dubai
Oud Metha Road
✆ +971 4 324 4555
www.wafi.com
customerservice@wafi.com
Arrêt Big Bus
Métro Healthcare City.
Ouvert de 10h à 22h, jusqu'à minuit les week-ends.
Le mall égyptomaniaque bénéficie d'une grande clarté grâce à ses pyramides de verre multicolores qui inondent de lumière les places. Il concentre environ 1 000 enseignes.

XVA ART HOTEL

Al Fahidi District, Bur Dubai
✆ +971 4 353 5383
www.xvahotel.com
reservations@xvagallery.com
Métro Al Fahidi
Ouvert tous les jours de 10h à 18h.
Au fond de la cour, derrière le restaurant, jolie galerie d'art avec quelques artistes locaux et régionaux assez réputés et plusieurs réalisations d'accessoires, vaisselle, vêtements provenant des Emirats ou de la région.

SORTIR

Ce n'est pas vraiment dans ce quartier que vous ferez la fête *all night long*. Mais, c'est le bon endroit pour fumer une petite shisha dans un troquet traditionnel ou boire un verre dans une atmosphère lounge avec vue sur la Creek.

CAFÉS - BARS

AL SAMADI

Deira
48 Al Muraqqabat Street
✆ + 971 4 269 7717
Ouvert tous les jours de 8h à 23h. Entre 26 AED et 45 AED le 1/2 kilo de pâtisserie.

C'est dans la très vivante Muraqqabat Street en plein milieu de Deira qu'est installée une des meilleures pâtisseries levantines de tout l'émirat. Les clients commandent par kilo ce qu'ils vont rapporter pour compléter leur déjeuner du vendredi. Les nostalgiques des vraies pâtisseries orientales vont s'en donner à cœur joie.

ARABIAN TEA HOUSE

Al Fahidi historical district
Bur Dubai
✆ +971 4 353 5071
www.arabianteahouse.net
branch01@arabianteahouse.co
Métro Al Fahidi
Ouvert tous les jours de 8h à 23h. Glace au lait de chamelle : 37 AED, limonade à 36 AED, Cappuccino : 27 AED.
Installé dans le quartier historique d'Al Fahidi, sa terrasse ombragée est très agréable et fréquentée par les Emiratis qui aiment se replonger dans leurs racines. La limonade mentholée est un délice, et n'hésitez pas à essayer le lait de chamelle réputé pour le concentré de vitamines qu'elle contient : vous pourrez le déguster tel quel ou en glace.

BLUE BARJEEL

Bur Dubai
Juste avant l'entrée principale du vieux souk au textile, le long de la Creek, à côté de la station des Abra.
Ouvert de 9h à 2h du matin. Café à 15 AED, just de fruits à 25 AED.
Cette petite cafétéria, simple et vraiment pas chère, est très bien située au bord de la Creek. Si vous y venez en fin d'après-midi ou après le dîner, elle est le lieu idéal pour fumer une petite shisha, tout en admirant le ballet des abras sur l'eau.

CIELO SKY LOUNGE

Dubai Creek Golf & Yacht Club
Deira
✆ +971 4 416 1801
www.cielodubai.com
reservations@cielodubai.com
À côté du Park Hyatt. Métro GGICO.
Ouvert de 17h à 2h, et jusqu'à 3h. Fermés les dimanches. Cocktail à partir de 160 AED.
Surplombant la Creek, Cielo, avec sa déco tout en blanc et bleu, se veut être une réminiscence des îles Baléares. Le très chic rooftop fait office aussi bien de lieu où venir admirer le coucher du soleil sur les eaux de la Creek et sur la ville qui se profile au loin, que d'endroit où venir se déhancher sur des rythmes à la mode au sortir d'un dîner.

MAZMI CAFÉ

Creekside, Textile Souq
Bur Dubai
✆ +971 4 282 7252
www.mazmi.me
info@mazmi.me
Ouvert tous les jours de 8h à 20h. 20 AED le café, 30 AED le jus, 40 AED pour une glace.
Si vous cherchez une petite terrasse ombragée, loin du brouhaha de la ville et au bord de l'eau, voici le café idéal pour faire une pause gourmande. Parmi les options sucrées, nous vous recommandons la glace au safran ou aux dattes, dont les ingrédients proviennent du souk aux épices, juste en face.

THE IRISH VILLAGE

Al Garhoud, 31 A Street
Deira
✆ +971 4 282 4750
www.theirishvillage.com
info@theirishvillage.com

À côté du Dubai Tennis Stadium.
Métro GGICO.
Ouvert tous les jours de 11h à 1h du matin, jusqu'à 2h les week-ends. A partir de 35 AED la bière. Music live le soir les mardis, mercredis, jeudis et vendredis.
Bordées d'un côté par une reconstitution de rue irlandaise, et de l'autre par un gazon synthétique longeant un plan d'eau, de grosses tables en bois invitent à s'asseoir pour se désaltérer d'une Guinness ou deux. Si ce n'était le soleil radieux, on pourrait se croire à Cork ou à Dublin !

XVA CAFE
Bur Dubai, Al Fahidi Neighborhood
✆ +971 4 353 5383
www.xvahotel.com
Métro Al Fahidi
Limonade : 31 AED, Smoothies : 24 AED, Café : 18 AED. Ouvert tous les jours de 7h à 22h.
Le vestibule de la maison s'ouvre sur un patio intérieur ; bien ombragé, havre de paix. Vous allez déguster le meilleur Lemon mini de toute la ville qui en plus d'être délicieux va vous rafraîchir et vous redonner de l'énergie pour bien terminer les visites dans le vieux Dubaï.

HISTOIRES DE VOILES

En tant qu'expatrié ou touriste, vous pouvez vraiment vous habiller comme vous voulez aux Emirats et cela vaut aussi pour les femmes. Contrairement aux idées reçues, il n'est en effet pas obligatoire de porter le voile aux émirats, et encore plus à Dubaï, qui est un émirat particulièrement ouvert au niveau des mœurs. Contrairement aux étrangers, les femmes émiraties sont cependant généralement voilées lors de leurs sorties en public. Elles laissent toutefois apparaître leur visage entièrement et ne le voilent pas, ce qui les distingue des Saoudiennes qui portent le voile intégral et que l'on croise aussi à Dubaï. Le visage des Emiraties est souvent très bien maquillé, les hommes ne seront pas insensibles à leur grande beauté (mais fricoter avec une Emiratie est quasi-impossible, voire dangereux, nous prévenons les téméraires). Vous noterez aussi qu'elles ont souvent, au-dessus de la tête une sorte de chignon. Sachez que c'est un phénomène de mode... Avoir un crâne d'œuf avec son voile, c'est très « plouc » dans les émirats, alors ces dames attachent leurs cheveux avec une pince surmontée d'une grosse fleur artificielle (vous en trouverez facilement dans les commerces) et recouvrent ensuite leurs cheveux avec leur voile. Elles obtiennent ainsi leur style *so tendance* !

Le littoral de Jumeirah.

© DSABU – ISTOCKPHOTO

LE LITTORAL DE JUMEIRAH

IMMANQUABLE DANS CE QUARTIER

- Découvrir Dubaï par la mer avec Searide.
- Passer l'après-midi sur une des plages du littoral.
- Admirer le coucher du soleil en marchant le long de Kite Beach.
- Dîner sur une des terrasses du souk Madinat Jumeirah.
- Prendre un dernier verre sur le rooftop Uptown de l'hôtel du Jumeirah Beach.

LE LITTORAL DE JUMEIRAH

Le littoral s'étend sur 16 km. On serait tenté de *Vamos a la playa* pour un bon repas ! Le secteur en bord de mer compte un grand nombre de gargotes à friture et de brochetteries « dry ». Ne tentez pas le diable en goûtant un poulet saoudien nourri aux farines de poisson (saveur de merlu-volaille) assorti d'un soda vert pomme sans pomme, et suivez plutôt les adresses ici testées, petites ou grandes, de la super-pizza au grand dîner gastro.
Pour vous y retrouver, voici les grands pôles à retenir sur cette côte :

- **Jumeirah 1, 2 et 3** : Commence à la plage publique « La Mer », passe par le centre commercial Mercato avant d'arriver près de grands complexes hôteliers de luxe comme le 4 Seasons et le Bulgari puis continue vers Sunset Mall après les ponts qui enjambent le nouveau canal.
- **Umm Suqeim 1, 2 et 3 et Al Sufouh Road :** Bordés de plages comme Kite Beach, voici bientôt la brochette des hôtels Jumeirah qui commence par le Burj al Arab et qui se termine avec Al Qasr mais qui comprend aussi le fameux souk Madinah Jumeirah.

VISITER

Le littoral de Jumeirah n'est pas un lieu de visites culturelles mais il offre surtout des nouveaux quartiers où le street art se décline à volonté comme à la Mer, à City Walk et maintenant le long de Jumeirah Road ou pour se mêler à la population cosmopolite de la ville. Le meilleur moment pour le visiter est dans la journée pour les plages mais attention toutefois : les plages publiques (Sunset Beach, Kite Beach & Jumeirah Open Beach) sont écrasées de soleil, sans un seul point d'ombre, donc cuisson assurée sans parasol ou en cas d'oubli de crème solaire. Et le soir, le quartier devient l'endroit idéal pour faire des rencontres comme à City Walk, La Mer ou dans le quartier de Sufouh.

AL FAROOQ OMAR BIN AL KHATTAB MOSQUE

Jumeirah 3, 35th Street
✆ +971 4 394 4448
www.alfaroooqcentre.com
info@alfarooqcentre.com
Ouvert tous les jours avec des visites à 10h et 11h et l'après-midi à 16h15 et à 18h. Les heures de prière peuvent modifier les horaires. Mieux vaut réserver en appelant ou en envoyant un mail à l'avance. Manches longues, vêtements amples et couvrant pour les dames, pas de short. Des vêtements sont prêtés pour la visite.
La mosquée Al Farooq, construite en 1986, est surnommée ici la mosquée bleue. Reconnaissable de loin, grâce à ces 4 minarets de style ottoman s'élevant à plus de 55 mètres de haut, la mosquée abrite 21 dômes et ressemble à s'y méprendre à la mosquée bleue d'Istanbul. Les visites

organisées permettent au visiteur de mieux comprendre l'islam et de poser toutes les questions qui se présentent. Elle est la seule mosquée avec celle de Jumeirah ouverte aux non-musulmans.

BURJ AL ARAB ★★★
Jumeirah Road
✆ +971 4 301 7777
Voir page 17.

DUBAI TURTLE REHABILITATION PROJECT
Jumeirah Al Naseem
✆ +971 4 366 8888
www.jumeirah.com/turtles
pr@jumeirah.com
Arrêt Big Bus Souk Madinat
Ouvert au public tous les jours. Tous les mercredis à 11h, on peut assister librement au moment où les soigneurs nourrissent les tortues. Cela dure environ 20 minutes.
Rendez-vous au sanctuaire du Turtle Lagoon, accessible via Jumeirah Al Naseem. L'enceinte est ouverte gratuitement au public tous les jours, sans avoir besoin de passer réservation. Nous vous recommandons de vous rendre sur Turtle Island le mercredi à 11h pour observer le moment du repas.

GREEN PLANET
City Walk ✆ 800 7699
www.thegreenplanetdubai.com
info@thegreenplanetdubai.com
Ouvert du lundi au samedi de 10h à 18h tous les jours. Les billets achetés en ligne sont moins chers que sur place. Gratuité pour les enfants de moins de 3 ans. Billet 89 AED en ligne et 120 AED à l'entrée. Des forfaits supplémentaires sont à disposition selon les choix.
Le monde enchanteur d'une forêt tropicale abritant plus de 3 000 plantes et animaux ainsi que le plus grand arbre planté par l'homme au cœur d'un biodôme. Piranhas, singes écureuils, paresseux, toucans, boas émeraude, une immersion sous les tropiques qui pointe le fragile équilibre de la nature sur l'un des plus anciens écosystèmes vivants au monde.

JUMEIRAH CITY WALK ★★
Al Wasl and Al Safa Road junction
✆ +971 4 590 50 90
www.citywalk.ae
customerservice@citywalk.ae
Métro Dubai Mall.
Ouvert tous les jours de 10h à 23h et jusqu'à minuit du jeudi au samedi. Parking disponible.
Quel plaisir de pouvoir arpenter un quartier prisé par la population locale, qui déambule le soir venu dans un ballet d'abayas et de kanduras ! Les allées ressemblent à s'y méprendre aux rues de Londres et la plupart convergent vers la place principale, organisée autour d'un plan d'eau qui offre des spectacles de son et lumière à intervalles.

© ART EY AMRITA

Le centre de réhabilitation des tortues à l'hôtel Al Naseem.

© EMMANUELLE JOURDEUIL

Food truck sur Kite Beach.

KITE BEACH
Umm Suqeim 1
Beach Road
✆ +971 4 219 0999
www.kitebeach.ae
info@kitebeach.ae

© CATHYLINE DAIRIN

Minarets.

De 9h à 18h, possibilité de louer une chaise longue avec un parasol. Prix par personne en semaine : 120 AED par personne. Sinon l'accès est gratuit. Les attractions et les boutiques ainsi que les restaurants sont ouverts à partir de 10h et jusqu'à 22h en semaine et jusqu'à minuit les week-ends.
Une très belle plage, large et longue s'étend devant le littoral, des kitesurfers flirtent avec les vagues, les enfants sautent sur les trampolines installés au bord du sentier pédestre, et une brochette de food trucks aux couleurs acidulées éveillent les appétits aiguisés des baigneurs : tout va bien, on est sur Kite Beach.

MOSQUÉE JUMEIRAH ★
Jumeirah 1, Jumeirah Beach Road
Proche du Dubai Marine Beach Resort
✆ +971 4 353 6666
www.jumeirahmosque.ae
smccu@cultures.ae
Arrêt Big Bus Jumeirah Mosque

Visite guidée du samedi au jeudi à 10h et à 14h. Inutile de réserver : présentez-vous au plus tard à partir de 9h30 et 13h30 à l'entrée. La visite guidée dure 75 minutes. 35 AED par personne au-dessus de 12 ans (incluant dattes, café traditionnel, thé et quelques douceurs). Voile fourni pour ces dames. Tenue respectueuse des coutumes locales (pas de short, épaules couvertes).

Cette mosquée est celle qui figure sur les billets de 500 AED, mais c'est aussi l'une des seules à être accessible aux non-musulmans à Dubaï. L'architecture de cet édifice achevé en 1978 s'inspire du style fatimide, du nom de la dynastie qui régnait en Egypte entre 909 et 1171. Elle présente un aspect extérieur massif avec d'imposants minarets, mais l'intérieur est plus dépouillé. Son éclairage nocturne donne à la mosquée un bel éclat doré. La visite commence par une description du rite des ablutions et se poursuit par une explication sur le déroulement de la prière et les fondements de l'islam. Au final, on en apprend plus sur la religion que sur l'édifice lui-même... Pour une visite de mosquée plus historique que religieuse, allez plutôt à la sublime mosquée d'Abu Dhabi !

LES PLAGES LE LONG DU LITTORAL ★★

Ce littoral longe la mer sur 14 km entre le Burj al-Arab et le Dubai Marine Beach Resort & Spa. Il est entrecoupé par de petits ports de pêche et fait place à un endroit au Four Season Resort et aux travaux du canal qui relie la Creek au golfe Persique. Dotée d'un sentier pédestre et d'une piste de jogging molle, bordée tout du long par des infrastructures gratuites pour les baigneurs (espaces pour se changer, toilettes, etc.), ainsi que par divers cafés et restaurants, elle traverse six quartiers résidentiels et de nombreuses plages publiques, dont Sunset Beach, d'où la vue sur le Burj al-Arab est imprenable, et Kite Beach, réputée pour ses animations sportives. Une piste cyclable parallèle au chemin pédestre vient d'être inaugurée..

SITE ARCHÉOLOGIQUE DE JUMEIRAH

Jumeirah 3

✆ +971 4 349 6874

www.dubaiculture.gov.ae

info@dubaitourism.ae

Non loin du canal, Jumeirah 3 entre Wasl Road et Jumeirah Road, non loin du consulat général d'Algérie.

Ouvert tous les jours de 9h à 14h30. Fermé les vendredis et samedis. Entrée libre.

Site datant du 1er millénaire de notre ère. Des archéologues y travaillent toujours et vous y trouverez les restes de la plus ancienne mosquée des émirats. Un petit musée vous permet de découvrir les objets trouvés sur place.

WATER CANAL ★★

Jumeirah 2

Dubai Water Canal

En 2013, Cheikh Mohammed bin Rashid al Maktoum décide de relier le bras de mer de la Creek, situé dans le vieux Dubaï, jusqu'à la mer, en passant par Business Bay. 5 ponts ont été construits, dont 3 pédestres. Ils offrent un point de vue imprenable sur la ville. Des bateaux circulent comme par exemple les taxis maritimes qui offrent à tous les visiteurs une visite de Jumeirah jusqu'à la fin de Business Bay.

Souk Madinat Jumeirah.

SOUK MADINAT JUMEIRAH ★★
Al-Sufouh Road
✆ +971 4 366 8888
www.jumeirah.com
souk@jumeirah.com
Non loin du Burj al-Arab. Arrêt Big Bus Souk Madinat.
Ouvert de 10h à 23h, plus tôt pour certains restaurants et cafés. Promenade en abra sur les canaux : 75 AED pour les adultes et 50 AED pour les enfants. Parking et voiturier disponibles.
Construit sur le modèle d'un marché traditionnel, cet ensemble réserve au promeneur égaré la surprise de vues sur les tours à vent et les canaux où voguent de petits *abras*. Cerise sur le gâteau : plusieurs superbes points de vue sur Burj Al Arab de-ci de-là. Shopping, balade et restaurants !

SE RESTAURER

Le littoral de Jumeirah offre une pléthore de restaurants pour toutes les bourses. Côté plage et le long de la Jumeirah Road, ce sont souvent des restaurants qui offrent une cuisine orientale et sans alcool. Puis l'offre gastronomique s'étoffe lorsqu'on se rend dans les hôtels ou dans le souk Madinat Jumeirah.

SUR LE POUCE

AMONGSTFEW
Bahwan Complex
966 Al Wasl Road
Umm Suqueim 1
✆ +971 4 236 0031
www.amongstfew.com
cafe@amongstfew.com
Ouvert de 9h à 21h. Aux alentours de 50 AED.
Amongstfew est avant tout un concept store urbain avant-gardiste qui propose les dernières tendances streetwear. Ils ont eu la bonne idée d'y installer aussi un petit café restaurant qui propose aussi bien des salades tendance, des plats végétariens et végans et une

carte de petits déjeuners servis toute la journée, dont les délicieux pancakes.

JUMEIRAH CITY WALK
Al Wasl and Al Safa Road junction
✆ +971 4 590 50 90
www.citywalk.ae
customerservice@citywalk.ae
Métro Dubai Mall.
Ouvert de 10h à 22h et jusqu'à minuit les jeudis et vendredis.
On peut tout déguster ou presque en mode sur le pouce : stand de pop-corn disponible en plus de 20 versions, glace à la turque, barbecue ambulant, glaces M'oishî en direct du Japon, café gourmand, toutes les charrettes et caravanes possibles sont présentes à City Walk. Un *food court* éparpillé et ambulant pour la joie de tous les enfants de 7 à 97 ans.

KITE BEACH
Umm Suqeim 1
Beach Road
✆ +971 4 219 0999
www.kitebeach.ae
info@kitebeach.ae
Ouvert de 10h à minuit tous les jours et jusqu'à 1h du jeudi au samedi.
Plusieurs trucks aux couleurs acidulées et aux inspirations internationales sillonnent la plage pour une pause gourmande et sur le pouce.

SALT
Kite Beach, Street 2D
Umm Suqeim 1
✆ +971 0 55 996 5802
hello@find-salt.com
Arrêt Big Bus Kite Beach
Ouvert tous les jours de 8h à 3h du matin. Burgers de 35 à 50 AED.
Posée sur la très populaire Kite Beach, Salt est devenu le vendeur de burgers le plus en vogue du pays. Il attire les promeneurs de jour comme de nuit, si bien qu'il est rare de ne pas y faire la queue.

THE LIME TREE CAFE
Jumeirah Beach Road
Jumeirah 1
✆ +971 4 325 6325
www.thelimetreecafe.com
info@limetreecafe.ae
À côté de la Jumeirah Mosque.
Ouvert de 8h à 18h. A partir de 50 AED le repas.
Un café au cadre cosy avec de très bons produits faits maison : jus de fruits frais, milk-shakes, cafés ou thés, scones, pâtisseries, salades, sandwichs. Le café est excellent. Vous trouverez facilement cet établissement grâce à sa façade vert kiwi citronné. Une bonne adresse où casser la croûte est un vrai plaisir.

Autres adresses : Al Quoz • Sheikh Zayed Road

PAUSE GOURMANDE

AL JALBOOT
Jumeirah Beach Road
Al Souq Mall, Umm Suqeim 2
✆ +971 4 3215177
www.aljalboot.com
info@aljalboot.com
Ouvert de midi à 23h et les week-ends à partir de 8h. Aux alentours de 75 AED par personne.
En se promenant le long du littoral, pourquoi ne pas s'arrêter dans ce petit restaurant 100 % local pour déguster quelques beignets recouverts de sirop de datte ? Confortablement installé sur un des bancs en terrasse, vous pourrez vous laisser aller à la contemplation du petit port juste devant. L'authenticité fait du bien.

FOREVER ROSE

Wasl Road, Box Park
✆ +971 4 548 4210
www.foreverrosecafe.com
Ouvert de 9h à minuit. Environ 25 AED pour un café. 55 AED la salade.
C'est LE café tendance, ouvert en novembre 2020, et qui ne désemplit pas. Tout commence par le décor, monochrome en noir et blanc, puis viennent les trompe-l'œil, et la sensation de se retrouver au beau milieu d'une illustration de bande dessinée. Latte à la lavande ou à l'orchidée, chocolat fondant et ganache au caramel pour le « Lava of Love » … Toute une ambiance !

BIEN ET PAS CHER

AL FAMALAMANKI

En face du Four Seasons,
la rue derrière un peu en retrait
Jumeirah Beach Road
✆ +971 0 55 300 4550
www.alfalamanki.com
Ouvert tous les jours de 10h à 3h du matin. Environ 120 AED par personne.
Voici un « bistrot » de cuisine libanaise traditionnelle de quartier. Le menu est plein d'humour et raconte, à la façon d'un scratch book, l'histoire des propriétaires qui possèdent deux établissements à Beyrouth. Tout est délicieux. Bon rapport qualité-prix.

AL-KHAYMA ARABIAN CAFE

Dubai Marine Beach Resort & Spa
Jumeirah Beach Road, Jumeirah 1
✆ +971 4 346 1111
www.dxbmarine.com/Al-khayma
Arrêt Big Bus Jumeirah Mosque
Ouvert tous les soirs de 17h à 3h du mati. Compter entre 120 et 150 AED le repas. Shisha à partir de 80 AED.
Al-Khayma est un endroit vraiment attachant. Les lieux aux influences bédouines et la cuisine libanaise, simple et bon marché, en font une adresse exotique et conviviale. Privilégier la terrasse mi-ombragée, avec une belle vue sur la mer. Al-Khayma est surtout connu pour ses *shisha* qu'on vient fumer confortablement installé sur des banquettes arabes. Grand choix de jus de fruits frais.

AL MAKAN RESTAURANT

Souk Madinat Jumeirah
✆ +971 4 580 2464
Ouvert du 9h30 à 2h du matin. Environ 100 AED par personne. Pas d'alcool.
Une halte bienvenue dans ce restaurant qui propose une grande terrasse avec une assez jolie vue sur la Burj al Arab. Délicieuse limonade mentholée, quelques mezze comme il faut, un service attentif et une petite shisha pour la fin font de ce restaurant, dont le nom signifie La Maison, un lieu idéal à Madinat Jumeirah.

BU QTAIR

4D Street
Umm Suqeim 2
✆ +971 55 705 2130
Non loin du Burj al Arab.
Ouvert de 11h30 à 23h30. Le soir, il est conseillé d'arriver de bonne heure Comptez 65 AED par personne.
C'est l'un des restaurants les plus populaires de la ville. Le choix des plats se limite à de l'hammour mariné ou à des crevettes panées pimentées provenant de la pêche du jour, que l'on commande au poids et que l'on mange dans des assiettes en carton. Succès oblige : il est impossible de réserver et il est conseillé de venir tôt pour ne pas trop faire la queue.

SEAVIEW RESTAURANT

Derrière Jumeirah Beach
Umm Suqeim 1 Fishing Harbour
✆ +971 4 333 5552
www.seaviewrestaurant.ae
info@seaviewrestaurant.ae
Ouvert de midi à minuit. Aux alentours de 70 AED le repas.
Situé sur un petit port de pêche, Seaview possède un bateau qui assure le ravitaillement du restaurant. Ici l'on mange au bord de l'eau après avoir choisi le produit de la pêche du jour que l'on souhaite ainsi que son mode de cuisson (sauté, grillé, tandoori ou vapeur), son accompagnement, et une sauce éventuelle (ail, beurre, citron, épices).

BONNES TABLES

3 FILS

Jumeirah Fishing Harbour 1
✆ +9714333 4003
www.3fils.com – info@3fils.com
Ouvert tous les jours de midi à 23h30. Environ 200 AED par personne. Pas de reservation possible.
3 fils est au départ une petite adresse confidentielle pour les habitants du littoral de Jumeirah qui devient l'adresse branchée où se rendre. Installé dans le petit port de Jumeirah, le restaurant offre une mini terrasse et une petite salle à l'intérieur. C'est absolument délicieux et le calme du petit port de pêche à deux pas de la ville transforme le repas en une expérience inoubliable.

AL QASR

Dubai Marine Beach Resort
Jumeirah Road
Jumeirah 1
✆ +971 4 346 1111
www.dxbmarine.com
info@dxbmarine.com
Ouvert de 12h à 15h30 et de 18h à 2h. Compter 200 AED le repas.
C'est le plus vieux restaurant libanais de la ville. Plats simples et savoureux dans un cadre un peu kitsch. Essayez le *kofta kishkash*, la spécialité délicieuse de la maison. Musique et danseuse du ventre tous les soirs.

LE LITTORAL DE JUMEIRAH

© 3FILS

3 Fils.

APRONS AND HAMMERS

La Mer Central
✆ +971 4 456 7888
www.apronsandhammers.com
lamer@apronsandhammers.com
Ouvert de 12h à minuit et jusqu'à 1h les week-ends. Aux alentours de 150 AED par personne.
Les fruits de mer commandés sont servis dans des seaux, et c'est seulement une fois un tablier enfilé, que l'on peut s'atteler à décortiquer ses victuailles. Une expérience résolument ludique et fort bienvenue dans la course aux restaurants toujours plus chics et sophistiqués de Dubaï. Terrasse avec vue sur la mer. Alcool disponible.

Autres adresses : La Mer • The Beach, Jumeirah Beach Residence

BEACHCOMBERS

Jumeirah Beach Hotel
Jumeirah Road
✆ +971 4 432 3232
www.jumeirah.com
Déjeuner aux alentours de 185 AED. Dîner aux alentours de 220 AED.
Dans une déco de type hawaiienne, vous vous régalerez de plats au croisement de la cuisine asiatique et polynésienne. Stué sur la plage du resort Jumeirah Beach Hotel, ce restaurant offre une vue magnifique sur le Burj Al Arab.

COMPTOIR 102

102 Jumeirah Beach Road
Jumeirah 1
✆ +971 4 385 4555
www.comptoir102.com
contact@comptoir102.com
En face de Jumeirah Beach Center.
Ouvert de 8h à 22h. Environ 120 AED pour le déjeuner. Smoothies et jus : 32 AED.
Ce *concept store* et *healthy café* très populaire auprès d'une clientèle variée d'expatriés et de quelques locaux, sert une cuisine végétarienne bio, essentiellement sans viande. Pour ceux qui souhaiteraient seulement faire une pause dans leur journée, le café propose des *smoothies* aux noms évocateurs tels que le *Skin Glow* ou le *Skinny Boost*.

FARZI CAFÉ

Phase 2 Building 5
City Walk
✆ +971 0 52 689 2012
www.farzicafe.ae
reservations@farzicafe.ae

Ouvert de 10h à minuit. Environ 170 AED par personne.
Voici un bistrot fusion version indienne ! Le café ne désemplit pas et les Indiens se vexeraient presque de ne pas trouver de table tant l'adresse est fréquentée par toutes les nationalités. Informel, délicieux et épicé mais pas trop, Farzi est une excellente adresse avec en prime la terrasse qui permet d'admirer le passage surtout le soir. Pas d'alcool servi dans ce restaurant.

FLAMINGO ROOM BY TASHA'S

Jumeirah Al Naseem Hotel
Umm Suqeim 3
✆ +971 4 244 7278
www.flamingoroombytashas.com
info@flamingoroombytashas.com
Ouvert du dimanche au jeudi de midi à 16h et de 19h à 1h. Le vendredi ouvert pour le brunch de midi à 16h. Le samedi ouvert de 19h à 1h du matin. Valet parking à l'hôtel. Après 18h30 les enfants de moins de 10 ans ne sont pas acceptés. Réservation recommandée. Environ 200-250 AED par personne.
Cette chaîne de restaurants sud-africaine, qui compte dix enseignes au pays, a ouvert en août 2017 dans le lagon aux tortues de l'hôtel Al Naseem. Le menu, long comme le bras, offre divers classiques de cuisine du monde. Quant à la déco, tout a été importé d'Afrique du Sud, pour un résultat subtil, chaleureux et sophistiqué.

GOLDFISH SUSHI & YAKITORI

Wasl Road
Galleria Mall
Jumeirah 2
✆ +971 4 866 4966
www.goldfishsushiyakitori.com
info@goldfishsushiyakitori.com
Ouvert tous les jours de midi à minuit. Pas de réservations. Environ 250 AED par personne. Pas d'alcool.
Mieux vaut arriver tôt ou très tard pour espérer trouver une table dans ce restaurant qui propose une petite salle à l'intérieur, une petite terrasse à l'extérieur et à l'intérieur du centre commercial. Sa réputation ne fait que grandir tant la qualité des mets proposés est exceptionnelle.

MADO

Umm Suqueim 1
Jumeirah Road
✆ +971 4 222 2338
www.mado.ae
info@mado.ae
Ouvert de 8h à 1h. Environ 120 AED par personne.
On peut aller à Mado soit pour prendre un café turc avec quelques douceurs, soit pour un repas disons... copieux. Côté cuisine, un petit coup d'œil sur les glaces très renommées et élaborées avec 100 % de lait de chèvre nature et sans colorant. Mado compte 400 restaurants dans le monde !

MASTI

Jumeirah 1, La mer South
✆ +971 4 344 4384
www.mastidubai.com
reservations@mastidubai.com
Ouvert tous les jours de 13h à minuit. Environ 300 AED par personne.
Parmi la soixantaine de restaurants qu'offre le quartier de la Mer, voici probablement le meilleur et un des rares à servir de l'alcool. Restaurant indien avec des revisites contemporaines, le chef Parshant Chipkan n'hésite pas à trouver ses inspirations dans la cuisine africaine et sud-américaine.

© PUBLIQUE

Publique.

PUBLIQUE

Souk Madinat Jumeirah
✆ +971 4 430 8550
www.publique.ae
info@publique.ae
Ouvert de midi à minuit en semaine et jusqu'à 3h les week-ends. Aux alentours de 150 AED par personne.
Ce restaurant prend des allures de club pour expatriés en mal d'hiver : « Je veux mon dîner en refuge de montagne, je suis fatiguée de la plage ! » Pittoresque selfie posté sur Instagram mettant en scène une fondue savoyarde avec la Burj Al Arab en guise de montagne. Raclette, plateau de charcuterie, steak tartare, ravioles du Dauphiné, tout y est dans cette carte bistrot.

SHIMMERS

Mina A'Salam Hotel, Jumeirah Road
Madinat Jumeirah
✆ +971 4 366 6730
www.jumeirah.com
mjrestaurants@jumeirah.com
Ouvert de midi à 17h et de 18h30 à minuit. Compter 250 AED le repas.
Le Shimmers est une table en bermuda, sous les palmiers et dans le vent comme on en trouve sur la plage de Pampelonne. Le soir, on vient border le soleil en fumant un narguilé double pomme, en observant le profil altier du Burj Al Arab tout proche sur la droite et le Pierchic à gauche, avant de dîner léger.

THE MEAT AND CO

Jumeirah Beach Road
Souk Madinat Jumeirah
✆ +971 4 368 6040
www.themeatco.com
reservations@meatco.ae
Ouvert de midi à 23h30 et jusqu'à minuit les week-ends. Environ 300 AED par personne.
Situé tout près du canal, Meat and Co possède l'une des plus belles terrasses du souk qui offre une vue complète de Burj Al Arab. Côté carte et vu le nom du restaurant il n'y aura pas de surprises : c'est le festival de la viande en provenance d'Australie, de Nouvelle-Zélande, d'Amérique et du Japon. Réservation indispensable.

VILLA BEACH

Jumeirah Beach Hotel
Beach front
✆ +971 4 432 3232
www.jumeirah.com
restaurants@jumeirah.com
Ouvert du dimanche au jeudi de 17h30 à minuit et les week-ends de 13h à 16h et de 17h30 à minuit. Aux alentours de 220 AED par personne.
Seule la plage et quelques vaguelettes séparent le parc aquatique Wild Wadi et le Burj Al Arab. Sur ces arpents de sable, en vis-à-vis immédiat, se trouve cette grande cabane climatisée déclinant des plats italiens plutôt version gastronomique.

LUXE

COYA

Four Seasons Resort
Jumeirah Beach Road, Jumeirah 2
✆ +971 4 316 9600
www.coyarestaurant.com/dubai
reservations@coyarestaurant.ae
Ouvert de 12h30 à 16h et de 18h à minuit. Compter 450-550 AED le repas. Réservation indispensable.
Le très chic restaurant péruvien étoilé au Michelin a ouvert à Dubaï début 2015 dans l'enceinte du luxueux Four Seasons. On y retrouve d'excellents classiques péruviens remaniés et modernisés comme il se doit dans ce genre d'établissement. Mais mieux vaut y commander des tapas en quantité. Salle comble tous les soirs.

NAMMOS

Four Seasons Dubai
Jumeirah Beach Road
✆ +971 4 340 1002
www.nammos.gr
reservations@nammos.ae
Ouvert tous les jours de 12h30 à 23h30. En moyenne 900- 1 000 AED par personne. La carte des vins commence à 500 AED la bouteille.
Qu'est-ce que Nammos ? Une plage, un restaurant, des prix aussi stratosphériques que la clientèle et l'impression d'être au théâtre. Mais tout de même la cuisine est tout de même délicieuse et le service impeccable, la musique divine, les chanteurs merveilleux.

NICO ROMITO

Bulgari Hotel
Daria Island
Jumeirah 2
✆ +971 4 777 5622
www.nikoromito.com
dine@bulgarihotels.com
Environ 450 AED par personne. Ouvert de 19h à minuit et le vendredi pour le déjeuner de 12h30 à 15h.
Originaire d'Abruzzo, Nico Romito est un autodidacte qui s'est vite hissé au rang des plus grands en gagnant trois étoiles Michelin. Trois mots d'ordre : simplicité, authenticité, équilibre. Cette simplicité, vertu cardinale de Nico Romito, est pourtant très complexe dans l'élaboration : cuisson (très) lente, sous-vide, recherches de textures, de produits rares. Mais si vous recherchez le restaurant classique italien, mieux vaut aller ailleurs.

NUSR-ET

Restaurant Village Four Seasons
Jumeirah 2
✆ +971 4 407 4100
www.nusr-et.com.tr
misafirhatti@nusr-et.com.tr
Minimum 500 AED par personne. Ouvert de midi à minuit. Sans réservation, il est (presque) impossible d'obtenir une table.

Bienvenue dans le temple de la viande. Nusr-et tire son nom du prénom du fameux boucher turc, Nusret Gokce. La viande est tendre, succulente, cuite à la perfection et assaisonnée on ne peut mieux, comme la facture d'ailleurs... On vous aura prévenus, elle est salée ! Végétariens... s'abstenir.

PIERCHIC

Madinat Jumeirah, Al Sufouh Road
Al-Qasr Hotel
✆ +971 4 432 3232
www.jumeirah.com
restaurants@jumeirah.com
Ouvert du mardi au samedi de 13h à 15h et tous les jours pour dîner de 18h30 à 22h30. Compter 460 AED le repas.
Situé au-dessus des flots, au bout d'une longue passerelle de bois, le Pierchic offre une vue splendide sur la plage et les palaces illuminés, mais aussi et surtout une visée marine directe sur son alter ego flottant, le Burj al-Arab. Côté carte, c'est l'Italie qui est à l'honneur avec une carte complètement remaniée et une nouvelle équipe aux manettes du célèbre restaurant d'Al Qasr. Romantique !

SAL

Burj Al Arab
✆ +971 4 432 3232
www.jumeirah.com
restaurants@jumeirah.com
Ouvert de 12h30 à 15h30 et de 19h à 22h30. Tenue décontractée à midi et chic décontractée le soir. Environ 500 AED par personne. Réservation recommandée.
L'endroit idéal pour venir prendre un déjeuner dans cet hôtel mythique de la ville. Le chef italien Marco Garfagnini propose une cuisine méditerranéenne, raffinée et assez abordable compte tenu du lieu.

TASCA PAR JOSE AVILLEZ

Mandarin Oriental
Jumeirat Beach Road
Jumeirah 1
✆ +971 4 777 2231
www.mandarinoriental.com
modub-reservations@mohg.com
Ouvert de 12h30 à 15h et de 18h30 à 23h. Vendredi, ouvert pour le brunch de 12h30 à 16h. Environ 390 AED par personne.
C'est à l'intérieur du Mandarin Oriental, tout en haut, que se niche le très beau Tasca. Que l'on soit sur la terrasse face à la plage ou à l'intérieur côté ville, l'ambiance est toujours au rendez-vous. Mieux vaut réserver dans le meilleur restaurant portugais de Dubaï qui est ultra tendance et branché. Côté gastronomique, on revisite les classiques portugais avec modernité et brio.

THE BULGARI YACHT CLUB

Jumeirah 2, Jumeirah Bay Island
✆ +971 4 777 5555
www.bulgarihotels.com
dubai@bulgarihotels.com
Ouvert de 12h30 à 15h et de 19h à 22h30. Brunch le vendredi entre 12h30 et 15h. Environ 450 AED par personne.
Le yacht club se situe de l'autre côté de l'hôtel côté résidences. Dans un écrin en bois, couleur chocolat, se niche ce superbe restaurant décoré par de nombreuses photos d'Alain Delon, Brigitte Bardot et Sophia Loren (pour ne citer que quelques-uns) toutes prises sur la Riviera. Le cadre est idyllique et la terrasse a pour horizon le *skyline* de Dubaï downtown. Côté assiette, l'Italie nous régale notamment avec ses risottos et ses pâtes *alla vongole*. Un endroit ultra-raffiné loin du brouhaha de Dubaï.

VERDE
Four Seasons Hotel
✆ +971 4 3338025
www.verde-dubai.com
contact@verde-dubai.com
Aux alentours de 350 AED par personne. Ouvert de 18h à 3h du matin.
Après Paris et la plage de Pampelonne à Saint-Tropez, Verde s'est aussi installé à Dubaï, la ville de toutes les fêtes. Ce restaurant festif qui met la gastronomie française à l'honneur est aussi un lieu de divertissement.

SHOPPING

Aux abords des plages, vous trouverez quelques centres commerciaux, et des quartiers piétonniers qui offrent des boutiques comme La Mer, City Walk et le souk de Madinat Jumeirah. Ici, pas de grands centres commerciaux mais une offre qui reflète les résidents de cette partie de la ville : chic et à tendance européenne.

COMPTOIR 102
102 Jumeirah Beach Road
Jumeirah 1
✆ +971 4 385 4555
www.comptoir102.com
contact@comptoir102.com
En face de Jumeirah Beach Center.
Ouvert de 8h à 22h.
Ouvert le 12 décembre 2012 par deux Françaises, ce *concept store* et *healthy café* est un passage obligé pour qui raffole de mode, de *design* ou de nourriture macrobiotique. Côté mode, on y trouve des bijoux et des vêtements originaux de marques européennes, dont quelques griffes françaises. Côté ameublement, les objets proposés changent au fil des saisons et au gré des coups de cœur des patronnes.

JUMEIRAH CITY WALK
Al Wasl and Al Safa Road junction
✆ +971 4 590 50 90
www.citywalk.ae
customerservice@citywalk.ae
Métro Dubai Mall.
Ouvert tous les jours de 10h à 22h et jusqu'à minuit les week-ends.
En blanc et noir, les Emiratis défilent et viennent faire du lèche-vitrine ou plutôt viennent se promener. On n'y va pas forcément pour acheter, mais pour se balader à ciel ouvert et en famille.

KULTURE HOUSE
Jumeirah 1
106 Jumeirah Street
✆ +971 4 399 1790
Ouvert de 9h à 22h.
Dans un décor hétéroclite, composé de superpositions de papiers peints et de peintures issus de chaque coin du globe, on trouve une multitude d'objets de décoration et d'artisanat principalement issus du Maroc.

LA MER
Jumeirah 1
✆ +971 459 050 90
www.lamerdubai.ae
customerservice@lamerdubai.ae
Ouvert tous les jours de 10h à 22h et jusqu'à 23h les week-ends.
La Mer est un complexe piétonnier situé au bord de la mer. Il comprend une plage publique, de nombreux restaurants et des boutiques qui vont des lunetiers au concept store, en passant par les magasins de souvenirs. C'est un lieu très ludique où l'on se rend d'abord pour aller à la plage puis s'y restaurer et enfin faire un peu de shopping. Très couru le week-end, on peut s'y rendre dès l'après-midi et en particulier au moment du coucher du soleil.

MERCATO

Jumeirah 1
Jumeirah Beach Road
✆ +971 4 344 4161
www.mercatoshoppingmall.com
management@mercatotowncentre.ae
Ouvert de 10h à 22h. Pendant les périodes de fêtes et particulièrement pendant le Ramadan, les horaires peuvent être modifiés.
C'est un des plus vieux centres commerciaux de la ville et très peu fréquenté par les touristes. Si vous voulez admirer la population locale sillonner les allées à la recherche de la plus belle abaya ou kandura c'est ici mais une fois le soleil couché. S'inspirant (librement) de la Renaissance italienne, le mall s'organise en différentes promenades autour d'une place centrale, à la manière des vieilles villes de la Botte : ponts vénitiens, ruelles, trompe-l'œil, rampes sculptées, fontaines, réverbères. On trouve le livre de Sabine Blanchard *Diary of a French Parisien in Dubaï* dans la boutique kiosk au rez-de-chaussée.

SOUK MADINAT JUMEIRAH

Al-Sufouh Road
✆ +971 4 366 8888
www.jumeirah.com
souk@jumeirah.com
Non loin du Burj al-Arab.
Arrêt Big Bus Souk Madinat.
Ouvert tous les jours de 10h à 23h.
Dans la famille du groupe Jumeirah, le souk Madinat Jumeirah fait partie d'un vaste et luxueux complexe hôtelier, s'insérant entre trois palaces, le Mina A'Salam et Al Naseem à droite et l'Al-Qasr à gauche. Construit sur le modèle présumé d'un marché traditionnel, il ne compte « que » 75 commerces et 25 restaurants.

SORTIR

Le littoral de Jumeirah est surtout un quartier pour prendre un dernier verre sur un rooftop ou au bord de la plage. Notre sélection offre les deux avec des vues à couper le souffle sur la mer et sur la ville.

CAFÉS – BARS

AL FAYROOZ LOUNGE

Jumeirah Al Qasr Hotel
Al Sufouh Road
www.jumeirah.com
restaurants@jumeirah.com
Ouvert de 7h à 23h. Petit déjeuner de 8h30 à 11h30. Thé de 14h à 16h. Shisha de 12h30 à 23h30. Compter 40 AED pour un thé, 45 AED pour un jus. 215 AED pour le thé, l'après-midi avec les petits sandwichs et les douceurs.
Le lobby Lounge aux influences coloniales de ce superbe palace mérite le détour. Elle offre une vue imprenable sur le littoral et le Burj Al Arab. On peut y venir aussi bien pour un café, que le thé de l'après-midi ou à toute heure.

FLAMINGO ROOM BY TASHA'S

Jumeirah Al Naseem Hotel
Umm Suqeim 3
✆ +971 4 244 7278
www.flamingoroombytashas.com
info@flamingoroombytashas.com
Cocktail à partir de 70 AED. Ouvert de midi à 1h.
La clientèle qui s'y presse est sophistiquée et chic. Les cocktails sont très

prisés comme le Papa Americano. La visite vous permettra de découvrir le complexe lacustre de Madinat Jumeirah et ses multiples restaurants.

LOOKUP

Niveau 5 de l'hôtel La Ville
City Walk
✆ +971 4 403 3111
laville.dubai@autographhotels.com
Ouvert de 10h à 1h du matin. Verre de vin à partir de 50 AED et le jus de fruits à 25 AED.
Un bar tout en longueur offrant une vue panoramique sur la Burj Khalifa et les gratte-ciel de Downtown et rien que pour cela, cela vaut vraiment le détour, car la vue est spectaculaire et à couper le souffle. Il y a souvent du monde et c'est une clientèle chic et décontractée, fidèle, qui se retrouve en particulier les week-ends pour profiter de la brise du soir.

MERCURY LOUNGE

Hotel Four Seasons
Jumeirah Road
✆ +971 4 2707804
www.fourseasons.com
prsm@fourseasons.com
Ouvert du samedi au mardi de 18h à 2h et jusqu'à 3h du mercredi au vendredi. Certaines tables exigent une consommation minimum à partir de 21h : environ 350 AED par personne en semaine et 450 AED le week-end. Verre de vin à partir de 60 AED.
Voici un lounge comme on les rêve souvent, comme on les cherche dans nos lieux de vacances et que l'on sait bien garder et peu connus des touristes. Le Mercury est une invitation au rêve, posé tout près de la côte en plein Jumeirah sans jouer avec les hauteurs. Situé au 6e étage, voici le Mercury qui offre une des plus belles vues sur le *skyline* de Downtown sans provoquer de vertiges.

SKY VIEW BAR

Burj Al Arab Hotel
Jumeirah Road
Umm Suqeim 3
✆ +971 4 301 7600
www.jumeirah.com
BAArestaurants@jumeirah.com
Ouvert de 17h30 à minuit. Forfait minimum : 200 AED. Pour les hommes, chemise obligatoire, smart jean toléré. Pour les femmes, robe, pantalon ou jupe obligatoire. Animation jazz tous les jours sauf le lundi. Âge minimum de 16 ans.
Suspendu à 200 m au-dessus des flots, ce coin bar du restaurant sommital du Burj présente avant tout l'intérêt, sur réservation préalable, de mettre les pieds dans le « palacissime » à un prix moindre (près de 100 euros tout de même) si on considère les tarifs pratiqués dans l'hôtel.

SOUL LOUNGE

Nikki Beach Resort & Spa Dubai
Pearl Jumeira
✆ +971 4 376 6162
www.nikkibeachhotels.com/dubai
info@nikkibeach.com
Ouvert tous les jours de 8h à minuit. Aux alentours de 85 AED le cocktail.
Rien d'autre dans le secteur immédiat que cette plage et surtout cette piscine océanique bordée de transats, de baldaquins, de sièges aquatiques, où prendre un verre ou déguster une cuisine globalisée (sushis, bruschetta, tacos, tartares, mezze, wraps, tapas) de bonne tenue sur fond de musique mixée par des DJ de renommée internationale.

THE BAY

Mandarin Oriental
Jumeirah Beach Road
✆ +971 4 777 2233
www.mandarinoriental.com
Ouvert de 16h à minuit.
Juste devant la plage, presque les pieds dans l'eau, The Bay est le lieu idéal pour se poser avant le coucher du soleil. The Bay offre des cocktails, des jus de fruits et un véritable bar à shisha.

TRADER VIC'S

Souk Madinat Jumeirah
Al Sufouh Road
Umm Suqeim 3
✆ +971 4 368 6559
www.tradervicsmadinat.com
tradervicsmadinat@rmalhospitality.ae
Ouvert de midi à 1h du matin. 65 AED pour un cocktail.

Sho Cho.

La terrasse a une belle vue sur les canaux et permet de profiter d'un moment détendu après tant de déambulations dans le souk. Si vous avez une petite faim, la carte est là à portée de main pour se restaurer d'un petit snack bien mérité.

CLUBS ET DISCOTHÈQUES

SHO CHO

Dubai Marine Beach Resort & Spa
Jumeirah 1
✆ +971 4 346 1111
www.sho-cho.com
dubai@sho-cho.com
Ouvert de 19h à 3h du matin. Cocktail à partir de 60 AED.
Ce bar à la très belle terrasse qui surplombe la mer est, au départ, un restaurant japonisant qui n'a rien d'exceptionnel. Mais il est surtout devenu un bar en plein air avec DJ, le dimanche soir, où l'ambiance est absolument incroyable sur la piste de danse. Vous vous amuserez vraiment beaucoup à la lumière du clair de lune.

SKY 2.0

Dubai Design District
✆ +971 52 95 777 91
www.skydubai.com
reservations@skydubai.com
Ouvert les mercredis, jeudis et vendredis de 22h30 à 3h du matin. Cocktail à partir de 75 AED.
SKY 2.0 est la garantie d'une soirée inoubliable et la discothèque la plus exceptionnelle de Dubaï. On est bluffé par la décoration, le toit partiellement ouvert sur le ciel, les danseurs, la mise en scène, les DJ internationaux, le show permanent et par le public.

Bluewaters island.
© CREATIVE FAMILY - SHUTTERSTOCK.COM

IMMANQUABLE DANS CE QUARTIER

- Déambuler le long de la Marina en empruntant le « Walk ».
- Admirer la vue sur la Palm et la Marina de l'observatoire du Marriott Harbour.
- Parcourir la Palm en monorail.
- S'émerveiller devant l'aquarium « The Lost Chambers » à l'Atlantis.
- Admirer le coucher du soleil depuis la nouvelle île artificielle Blue Waters.

THE PALM, DUBAI MARINA, JBR

Palm, Marina et JBR, la Dubaï Marina, le quartier de JBR et son extension très à la mode The Beach, ainsi que l'emblématique Palm Jumeirah, avec le profil connu de l'Atlantis en son centre : le quartier est connu pour ses hôtels de luxe, ses plages, ses promenades en bateau dans la Marina. Un quartier à visiter surtout en soirée. En venant du littoral de Jumeirah, après le souk de Madinat Jumeirah et le long de King Salman Bin Abdulaziz Al Saud Street, sur la gauche, voici Knowledge Village, le village du savoir, qui abrite des institutions d'enseignement supérieur, des universités internationales, puis, dans le prolongement Internet City et Media City, zone franche où de nombreuses entreprises étrangères, (dont certaines spécialisées dans les médias), ont implanté leurs bureaux. On arrive au pont qui mène à la Palm Jumeirah. Celle-ci fait partie de l'incroyable projet des îles artificielles de Dubaï, dont la construction est assurée par le bureau de promoteurs Nakheel : The Palm Islands, au nombre de trois, et The World. Après le pont, King Salman Bin Abdulaziz Al Saud Street continue. On peut apercevoir, à droite, l'entrée du prestigieux hôtel One&Only Royal Mirage ainsi que l'imposante façade du Westin à côté duquel le vieux bâtiment carré du Méridien Mina Seyahi, nettement moins spectaculaire, fait désormais grise mine. On longe encore quelques bâtiments modernes sur la gauche avant d'atteindre les immenses tours de la Marina, ensemble de buildings commerciaux et résidentiels, construits autour d'un canal artificiel où a été déviée l'eau de mer pour permettre la création d'un port de tourisme avec deux points d'entrée au nord et au sud. La promenade déambule sur les quais le long du canal, pour admirer les yachts de luxe amarrés dans le port. C'est époustouflant de nuit quand les tours se réveillent, un magnifique spectacle de lumière !

Entre le littoral et la Marina a été aménagé un espace résidentiel, appelé Jumeirah Beach Residence (JBR), qui comprend une quarantaine de tours toutes similaires et réunies dans un même et seul bloc. The Walk est le nom donné à l'artère principale du quartier de JBR. Cette rue, qui longe la mer, est un lieu très fréquenté pour se balader, dîner en plein air, admirer les voiture de luxe qui circulent sur la voie pavée, faire son shopping au Beach Mall ou son jogging sur la piste de course.

La Marina et JBR sont réunies par le nouveau parcours du tramway, très pratique pour aller du métro à la plage. Au-delà de la Marina, il ne reste qu'une petite étendue de sable avant de passer devant le gigantesque mall d'Ibn Battuta, sur la gauche, et d'arriver à la zone industrielle et commerciale de Jebel Ali, sur la droite. La Sheikh Zayed file ensuite sur Abu Dhabi à travers le désert.

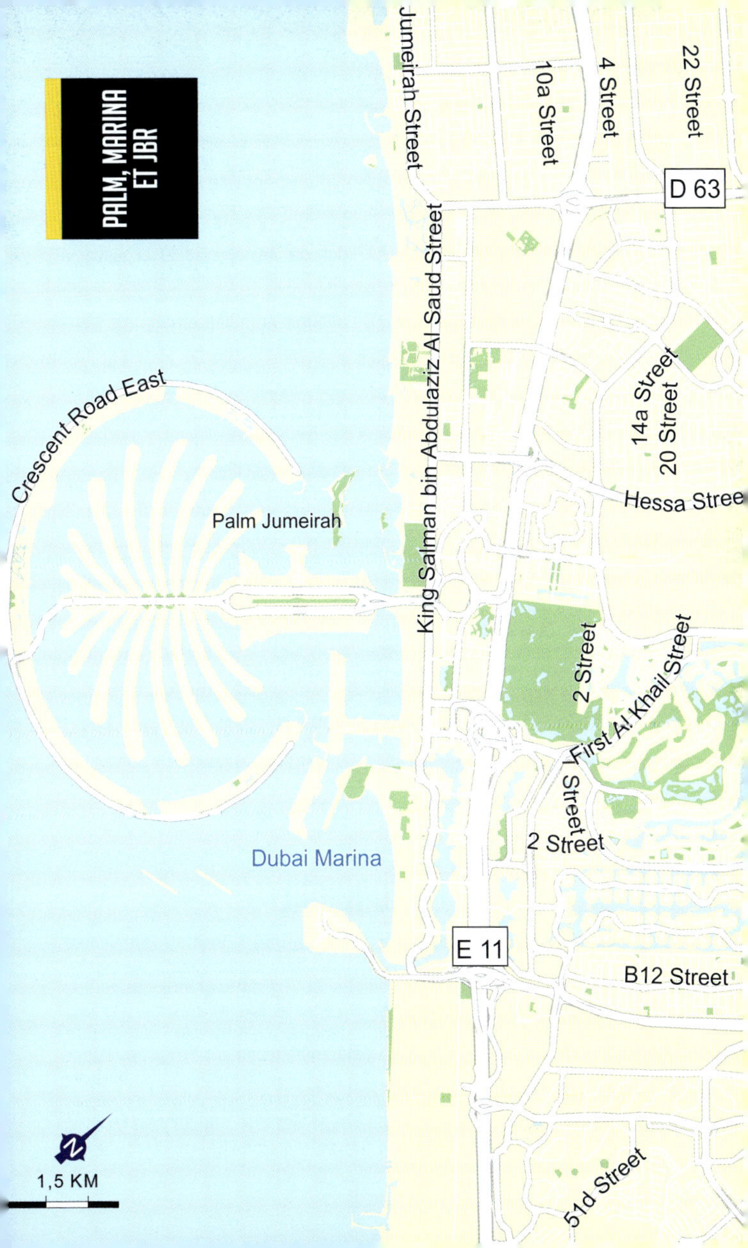

PALM, MARINA
ET JBR
Jumeirah Street
10a Street
4 Street
22 Street
D 63
King Salman bin Abdulaziz Al Saud Street
14a Street
20 Street
Hessa Stree
Crescent Road East
Palm Jumeirah
2 Street
First Al Khail Street
1 Street
2 Street
Dubai Marina
E 11
B12 Street
51d Street
1,5 KM

VISITER

C'est clair : rien de culturel dans le quartier mais beaucoup de divertissements autour de l'eau. Le farniente des plages de Dubai s'offre à vous aussi bien sur les plages de JBR ou que sur celles de la Palm. Pour les sensations fortes, direction le parc aquatique Aquaventure pour faire le « saut de l'ange ». Poursuivez cette visite à thématique marine avec la découverte du sublime aquarium Lost Chambers. En fin de journée, posez-vous à la Dubai Marina et faites une petite promenade que la douce brise du soir rend d'autant plus agréable.

AIN DUBAÏ

Bluewaters Island
✆ +971 0 4 428 0411
guestservices@aindubai.ae
38 minutes. Ouvert de 12h à 21h. 130 AED par personne sauf à 17h, heure du coucher du soleil, où le prix monte à 250 AED. Les cabines sont partagées jusqu'avec 20 personnes. Réservations fortement conseillées. Les jeunes de moins de 16 ans doivent être accompagnés par un adulte. Possibilité de privatiser une capsule. Capsule au coucher du soleil avec boissons alcoolisées pour les plus de 21 ans à partir de 350 AED par personne.
Cette grande roue est la plus haute du monde à près de 250 mètres. Elle contient 48 capsules dont chacune a une capacité de 20 passagers ! On peut aussi prendre un verre, surtout admirer la Palme et bien sûr dans la climatisation ! Comme toujours, Dubaï ne connaît pas le mot impossible : toujours plus haut, plus grand ! Un must pour ceux qui aiment poster sur les réseaux sociaux !

BLUE WATERS

Blue Waters Island
✆ +971 4 371 3999
www.bluewatersdubai.ae
customercare@dubairetail.ae
Ouvert de 10h à 22h du samedi au mercredi et jusqu'à 23h les week-ends.
Elle abrite la fameuse grande roue de Dubaï, un complexe résidentiel, un hôtel de luxe et une promenade bordée de restaurants et de boutiques. Nous vous recommandons de vous y rendre au coucher du soleil grâce au pont qui relie la Marina à Blue Waters. Une balade des plus agréables pour un point de vue unique.

LE MONORAIL

Ce Palm Monorail de 5 kilomètres transporte des milliers de personnes à l'heure. On adopta ce rail unique pour faire comme dans les parcs d'attractions, et Hitachi livra les voitures. En 5 minutes chrono, vous êtes pris sur la côte et livrés aux abords de l'Aquaventure de l'Atlantis. Depuis la cabine, on observe tranquillement le paysage et on survole littéralement la palme ce qui permet de mieux comprendre comment s'organise Palm Jumeirah. Installez-vous à l'avant, sur les premiers sièges : c'est là que vous aurez la meilleure vue car il n'y a pas de conducteur et rien ne gênera votre contemplation du paysage. Donc vive le Monorail, d'autant plus facile à attraper que l'on peut laisser sa voiture au parking géant de la gare de départ.

FARNIENTE DANS LES PALM ISLANDS

Ce sont des îles entièrement artificielles au large de Dubaï. Elles ont la particularité d'avoir une forme semblable à celle d'un palmier. On distingue d'est en ouest : Palm Jebel Ali, Palm Jumeirah et Deira Islands. Pour les réaliser, on a utilisé du sable du golfe Persique et des digues en forme de croissants pour contrer la houle. A noter que les constructions sur les îles de Palm Jebel Ali et Deira Islands ne sont pas encore terminées. C'est donc essentiellement sur Palm Jumeirah que vous pourrez vivre le farniente « palm-islandesque ». Réalisé par le promoteur Nakheel, ces îles artificielles ont permis de rajouter 70 km de côtes au petit émirat.

Palm Jumeirah. The Palm Jumeirah est la plus petite et la plus ancienne des trois îles. Sa construction a débuté en 2001 et s'est achevée en 2006. Lorsqu'on est dessus, il est cependant bien difficile d'arriver à percevoir sa silhouette de palmier. On ne peut la distinguer que si on survole la zone en empruntant le monorail ou installée au bar de l'observatoire du Marriott de la Marina.
L'incroyable hôtel Atlantis The Palm se situe sur le croissant du fameux palmier. Majestueux, cet hôtel, citadelle des loisirs, est entièrement construit sur le thème du célèbre mythe de l'Atlantide, terre engloutie. C'est un des établissements hôteliers les plus connus de Dubaï et on peut très bien y venir juste pour se détendre, aller au restaurant ou faire du shopping. Il fonctionne comme une cité en autarcie, à tel point que ses résidents n'éprouvent généralement pas le besoin d'en sortir pour visiter le reste de Dubaï ! Avec 1 539 chambres et suites, la plupart communicantes, donc familiales, plus de 3 000 employés parlant 46 langues, 500 cuisiniers préparant 15 000 repas par jour, sur un domaine de 46 hectares dont 17 en eau, l'Atlantis est vraiment le cœur névralgique de ce Palm.

© STEFAN TOMIC - ISTOCKPHOTO.COM

The Palm Jumeirah.

FARNIENTE DANS LES PALM ISLANDS

Ce complexe « gullivérien » entièrement scénarisé autour de la découverte de l'Atlantide dans le Golfe n'en finit pas de surprendre, tel un temple du loisir collectif aux activités multiples destiné à tous les publics. Mais le Palm Jumeirah c'est aussi Aquaventures, un superbe parc aquatique utilisant les dernières technologies, capables de mobiliser 750 000 litres par minute pour créer des vagues pouvant atteindre jusqu'à deux mètres de haut. L'attraction vedette est The Ziggurat, pyramide de style mésopotamien, qui culmine à 30 m d'altitude et dont on peut descendre par différents toboggans. Le plus impressionnant est celui intitulé Leap of faith, (que l'on pourrait traduire « le saut de la foi » !), qui propose une descente fulgurante, presque verticale, aboutissant dans un tube acrylique translucide au milieu d'un lagon rempli de requins ! Et à Dolphin Bay, on peut même s'offrir une nage avec les dauphins ! Surtout ne pas manquer l'observatoire de Palm View.

Palm Jebel Ali. 2 fois plus grande que Palm Jumeirah, cette autre île en forme de palmier est située à proximité de Jebel Ali et de son port. C'est la plus excentrée des trois îles, à 50 km du centre-ville de Dubaï. Comptant 17 palmes, elle accueillera des marinas, un parc d'attractions aquatique (le Sea Village), et de nombreuses résidences pour clientèle fortunée dans le croissant. Sa construction, démarrée en 2003, avait été retardée à cause de problèmes techniques et de la crise financière de 2008. Elle est maintenant terminée.

Deira Islands. Au départ, ce devait être une autre palme conçue comme la plus grande des trois îles avec 41 palmes, 14 kilomètres de longueur, huit kilomètres et demi de largeur et 80 km^2 de superficie. Le projet a changé et deviendra un ensemble d'îles tournées vers les familles et accueillant dans les années à venir des hôtels 3 et 4 étoiles, un souk avec plus de 5 300 boutiques, une marina et un *mall* dans un quartier qui comptera plus de 50 nouvelles tours.

VERSION NUMÉRIQUE
OFFERTE
Obtenez votre guide numérique en scannant le QR code
ou rendez-vous sur le site
www.ebookfute.com
avec le code avantage
5FWU89
petit futé
DUBAÏ
SPÉCIAL WEEK-END ET COURT SÉJOUR
OFFRE VALABLE JUSQU'À L'ARRÊT DE COMMERCIALISATION DU TITRE EN FRANCE MÉTROPOLITAINE ET DANS LE MONDE ET SOUS RÉSERVE QUE LE NOMBRE DE TÉLÉCHARGEMENTS SOIT INFÉRIEUR OU ÉGAL AU NOMBRE D'EXEMPLAIRES DE GUIDES PAPIER IMPRIMÉS. FORMATS DISPONIBLES POUR SMARTPHONES, TABLETTES, LISEUSES ET ORDINATEURS PC OU MAC.
© PERFECTLAB - SHUTTERSTOCK.COM

The Lost Chambers Aquarium.

THE LOST CHAMBERS AQUARIUM ★

Atlantis, The Palm
Crescent Road, The Palm
✆ +971 4 426 0000
www.aquaventurewaterpark.com
info@atlantisthepalm.com
Arrêt Station Monorail Atlantis The Palm

Ouvert de 10h à 21h. Dernier ticket vendu à 20h30. Adulte 115 AED, Enfants 90 AED. Gratuit pour les résidents de l'hôtel Atlantis. En raison de multiples promotions, mieux vaut consulter les prix sur internet ou appeler car selon les jours, des promotions peuvent avoir lieu. Pour les résidents des émirats, un prix spécial est en vigueur.

Dans un dédale de galeries obscures au décor mystérieux, vous longez les parois translucides de gigantesques aquariums, habités de plus de 65 000 poissons (plus de 250 espèces) surprenants et colorés. La taille des bassins est à couper le souffle (42 millions de litres d'eau salée !). Une expérience magique que les tout-petits apprécieront particulièrement.

THE VIEW AT THE PALM

Palm Jumeirah
Nakheel Mall
✆ +971 4 427 8484
www.theviewpalm.ae
info@theviewpalm.ae
Monorail : Nakheel Mall.

Ouvert tous les jours de 9h à 23h. Prix pour les heures d'affluence de 16h à 18h30, 158 AED pour les adultes et 111 AED pour les enfants entre 4 et 12 ans. Billets coupe-file : 275 AED pour les adultes et 195 AED pour les enfants. Billets VIP avec lounge privé et 1 verre : 325 AED pour les adultes et 145 AED pour les enfants. Prix hors heures d'affluence entre 9h et 15h30 et de 19h jusqu'à la fermeture : 100 AED pour les adultes et 69 AED pour les enfants. Billets coupe file hors heures d'affluence : 175 AED pour les adultes et

120 AED pour les enfants. Gratuit pour les enfants de moins de 4 ans. Accès par le mall, aller au niveau Rooftop et suivre les indications. Réservations sur internet recommandées.
C'est le nouvel observatoire très réussi qui surplombe la Palm à 240 mètres de haut. Aussitôt ouvert, c'est devenu une des attractions les plus courues, tant la vue à 360° est époustouflante : c'est aussi la seule façon de pouvoir surplomber l'île artificielle.

THE WALK
La Marina, The Walk
Métro Damac.
Une balade sur 7 kilomètres entre une marina et un cluster de gratte-ciel plus hauts les uns que les autres. A bicyclette, en trottinette, à pied ou en joggant, tout va pourvu qu'on y aille. Les restaurants et boutiques vous permettront aussi de flâner, à moins que vous ne préfériez vous offrir une petite virée en bateau.

LA FAUNE SOUS-MARINE

La mer borde la ville et les trois grandes artères de Dubaï (Jumeirah Road, Al-Wasl Road et Sheikh Zayed Road) sont parallèles au littoral, référent majeur du quadrillage urbain. La mer pénètre également la ville (la Creek est un bras de mer, des canaux ont été creusés à la marina) et la prolonge, puisque de nombreux sites hôteliers et résidentiels ont été construits sur la mer, démultipliant ainsi les kilomètres de littoral (The Palms, the World...). Malheureusement, cette exploitation intrusive du milieu naturel n'est pas sans conséquence sur la faune et la flore sous-marines. Malgré leur haute teneur en sel, les eaux du golfe abritent en effet une très riche vie marine. On y dénombre de multiples variétés de poissons tropicaux, ainsi que des requins et des dugongs, cette espèce protégée proche du lamantin et encore appelée « vache marine ». La moitié de sa population mondiale se trouve d'ailleurs dans le golfe Persique, qui compte aussi de nombreuses espèces de baleines et dauphins, de même que des tortues de mer (comme la tortue verte ou les tortues Loggerhead et Hawksbill). L'absence de protection des zones côtières, au profit de projets immobiliers de grande envergure, avait provoqué la réduction des habitats naturels et avait constitué une menace pour certaines espèces fragiles. Depuis le promoteur de toutes ces îles artificielles « Nakheel » met en place systématiquement des programmes pour déplacer les coraux avec l'assistance de plongeurs et d'énormes moyens techniques. Enfin, le groupe hôtelier Jumeirah a aussi développé avec l'agence pour l'environnement un plan pour protéger, soigner et relâcher les tortues hawksbill qui essayent encore de nicher sur les plages de Dubaï malgré l'énorme développement des hôtels le long du littoral. Lorsqu'elles y parviennent, un protocole se met en place pour protéger au maximum l'éclosion des œufs et permettre aux bébés tortues de regagner la mer. A cet effet, un sanctuaire marin est en place à Jebel Ali pour les dugongs, tortues, dauphins et flamants roses.

Balade sur Bluewaters Islands.
© FARHAN ABDUL JASEEL - SHUTTERSTOCK.COM

SE RESTAURER

Un petit conseil : aller plutôt en soirée dans ce quartier pour dîner mais attention aux embouteillages sans fin pour rentrer sur JBR (Jumeirah Beach Road) le soir venu et en week-end. Mieux vaut se faire déposer à l'entrée et continuer à pied. Du côté de la Palm, les restaurants sont souvent luxueux et offrent de belles terrasses avec une vue sublime sur la ville.

BIEN ET PAS CHER

BLUE WATERS

Blue Waters Island
✆ +971 4 371 3999
www.bluewatersdubai.ae
customercare@dubairetail.ae
Ouvert de 10h à 23h et jusqu'à minuit les week-ends. Pour tous les budgets.
Meraas affectionne les food trucks dans tout ce qu'il entreprend aux EAU, et Blue Waters n'échappe pas à cette mode qui a envahi Dubaï. Côté restaurants, ils commencent à peine à s'installer laissant la part belle aux terrasses avec vue sur mer ou à l'intérieur des rues qui composent l'île. Aucun n'a vraiment attiré notre attention, car il s'agit d'enseignes internationales qui s'y sont installées et de plus tout n'est pas encore ouvert lorsque nous terminons cette édition puisque l'île vient à peine d'ouvrir. Nous vous recommandons les cafés installés dans le quartier shopping de Blue Waters avec vue sur la mer et spécialement au moment du coucher du soleil.

SAROUJA

Dubai Marina, Skyview Tower
A côté de Skydive Dubai
✆ +971 4 421 4490
Tramway Dubaï Marina
Ouvert tous les jours de 8h30 à 2h30. Compter 80 AED par personne.
D'après la communauté syrienne, Sarouja est le meilleur restaurant syrien de Dubaï, la nourriture est de très bonne qualité et cuisinée à la perfection. L'atmosphère traditionnelle de l'endroit est bien agréable, et pour les amateurs, les shishas sont également à la hauteur.

THE BEACH AT JBR

Entre le Sheraton Jumeirah Beach Resort et le Hilton Jumeirah, JBR
✆ +971 4 590 5090
www.thebeach.ae
customerservice@thebeach.ae
Tram Jumeirah Beach Residence
Ouvert de 10h à 22h. Large fourchette de prix, peut convenir à tous les budgets.
De nombreuses options de restauration y ont fleuri et la liste des spécialités représentée est infinie, chacun y trouvera donc son bonheur. Voici notre sélection : Shake Shack, Bombay Bungalow (cuisine indienne), Eatgreek (cuisine grecque : fraîche et colorée), Fratelli La Bufala (cuisine napolitaine).

THE POINTE

✆ +971 0 43909999
www.thepointe.ae
info@nakheelmalls.ae
Métrorail : Arrêt à la Pointe.
Ouvert de 10h à 23h.
Plusieurs restaurants de chaînes internationales se succèdent au nouveau quartier de la Pointe sur la Palm : chinois, libanais, argentin, mexicain, asiatique, restaurant de poissons... Tout y est ou presque. Nous vous recommandons de déambuler le soir, après 19h, lorsque le spectacle des fontaines commence.

VIETNAMESE FOODIES

PL-04 Lake Terrace Tower, Cluster D
Jumeirah Lake Towers
✆ +971 4 565 6088
www.vietnamesefoodies.com

Ouvert à partir de 11h tous les jours et jusqu'à 22h30. Aux alentours de 90 AED par personne.

Ce restaurant fondé par Lily Hoa Nguyen et dont les chefs et sous-chefs sont aussi vietnamiens propose une cuisine traditionnelle savoureuse et saine. Une très belle adresse très peu touristique qui demandera un peu d'efforts pour s'y rendre.

BONNES TABLES

AL KHAIMA

Royal Meridien Hotel
Al Mamsha street
Jumerirah Beach Residence, The Walk
✆ +971 4 316 5550
www.alkhaima-dubai.com
resbook.leroyalmeridien@lemeridien.com

De 19h à minuit et jusqu'à 1h du matin le week-end. Compter 250 AED le repas.

Al Khaima est une très bonne table. On traverse le parc arboré de l'hôtel, en pente douce vers la plage, pour s'arrêter « sous la tente », en fait une charmante terrasse bordée de palmiers. Photophores, ciel de lavande, assiettes élégantes. A l'apéro, narguilé également.

LA BAIE

Hôtel Ritz Carlton JBR
Jumerirah Beach Residence
✆ +971 4 399 4000
www.ritzcarlton.com
dine.dubai@ritzcarlton.com

Ouvert de midi à 23h du matin. Compter environ 250 AED.

Très agréable terrasse où l'on peut déguster des cocktails variés. Carte variée changeant régulièrement et toujours des produits de premier choix. Le restaurant est posé près de la piscine et le week-end la musique peut être forte.

BUSHMAN'S

Anantara The Palm Dubai Resort
East Crescent
Palm Jumeirah
✆ +971 4 567 8304
www.anantara.com
restaurants.dubai@anantara.com

Ouvert 7j/7 de 18h à 23h30, happy hour au bar de 17h à 19h. Compter 380 AED par personne en moyenne.

Dans cet authentique restaurant australien haut de gamme, à l'accueil chaleureux et au décor évocateur, on peut déguster le faux-filet de

EAU DOUCE

Précieuse à Dubaï comme dans toutes les contrées désertique, l'eau de source est rare dans la région et les quelques réserves naturelles de l'Emirat seront bientôt taries. L'eau n'est pourtant pas prête de manquer à Dubaï, puisque pour faire face à l'assèchement imminent des dernières nappes souterraines, la ville a recours au dessalement de l'eau de mer, que boivent la majorité des habitants à table... Les immenses espaces verts qui agrémentent la ville sont, eux, irrigués par les eaux usées retraitées.

kangourou, le saumon de Tasmanie, le bœuf Angus et ses accompagnements, et en dessert, l'incontournable pavlova servie pour quatre et préparée directement à la table par le chef. Le tout accompagné de vins australiens.

BUSSOLA

Westin Mina Seyahi Beach Resort
King Salman Bin Abdulaziz Al Saud Street
✆ +971 4 511 7373
www.bussoladubai.com
Tramway Mina Seyahi
Restaurant ouvert pour le déjeuner et le dîner de midi à 15h et les week-ends jusqu'à 16h. Dîner de 19h à 23h. Bar-pizzeria ouvert à partir de 18h et jusqu'à 23h30 en semaine et à partir de midi jusqu'à 23h30 le week-end. Compter 250 AED le repas au rez-de-chaussée et 80 AED la pizza à l'étage.
Les amateurs de bonnes *pasta* et de *pizze* seront ravis car la Bussola fleure bon l'Italie de la Mama. Le restaurant s'étale sur plusieurs espaces : une vaste terrasse ouverte sur le parc et la mer, côté *trattoria* fine, et un bar à pizza géant aux allures de paillote au premier étage. Au rez-de-chaussée, on se régale dans une atmosphère plus intime.

DRIFT BEACH

One&Only Royal Mirage Hotel
King Salman Bin Abdulaziz Al Saud Street
✆ +971 4 315 2200
www.driftbeachdubai.com
info@driftbeachdubai.com
Tramway Palm Jumeirah 1
Ouvert tous les jours de 9h à 20h et jusqu'à 21h les week-ends Compter 300 AED. Réservation recommandée même en semaine.
Ce très bon restaurant aux airs de Mikinos est probablement la meilleure adresse si l'on veut le calme et la sérénité au bord de mer à l'écart du bruit de la ville. La clientèle est chic et branchée. La carte fait honneur à la cuisine provençale et niçoise.

GORDON RAMSAY HELL'S KITCHEN

Hotel Caesars
Bluewaters Island
✆ +971 4 556 6666
www.caesars.com
stay@caesarsdubai.ae
Déjeuner de midi à 15h30 et le dîner de 18h à 22h30. Environ 300 AED par personne. Brunch les vendredis de 12h30 à 15h30 et les samedis de 13h à 15h30.
A la carte, l'incontournable bœuf Wellington et le pudding au toffee avec sa glace aux spéculos. Mais si vous préférez essayer l'ensemble de ses plats emblématiques, venez pour le brunch !

KOKO BAY

Unit 3, West Beach Palm
✆ +971 457 23444
www.kokobay.co
Ouvert de midi à minuit et jusqu'à 1h du matin les jeudis et vendredis. Aux alentours de 160 AED.
Ce restaurant installé sur la promenade de West Beach Palm est un vrai succès. Les tables sont installées pour la plupart dans le sable, face à la Marina et la grande roue de Dubaï. Musique d'ambiance qui peut devenir très forte les week-ends. Inspirée des plages de Bali, la carte propose des mets venus d'Asie et d'Europe. Résolument décontracté, les pieds en éventail, voici un air de vacances.

MEKONG

Anantara The Palm Dubai Resort
East Crescent, Palm Jumeirah
✆ +971 4 567 8304
www.anantara.com
restaurants.dubai@anantara.com
Ouvert 7j/7 de 18h à 23h. Compter autour de 250/300 AED par personne. Choix de plats pour les enfants.
C'est le restaurant-signature de l'hôtel Anantara The Palm, l'une des meilleures tables asiatiques de la ville, incontournable pour ses spécialités thaïlandaises, vietnamiennes et chinoises, mais aussi pour son cadre superbe – un voyage dans le voyage. Pour tester un maximum des saveurs de la carte raffinée, opter pour le plat de sept entrées à partager.

NINA

One&Only Royal Mirage, King Salman Bin Abdulaziz Al Saud Street
✆ +971 4 399 9999
www.oneandonlyresorts.com
restaurants@oneandonlyroyalmirage.ae
Tramway Palm Jumeirah
Dîner uniquement à partir de 19h et jusqu'à 23h30. Fermé le dimanche. A partir de 200 AED
Dans un décor feutré et chaleureux, vous pourrez vous régaler de plats épicés savoureux. Envie de picorer ? On opte pour le « Nina's Set Tasting Plate » : une sélection du chef de quatre entrées et/ou de quatre plats, avec chutneys et pain indien pour accompagner le tout. A vivre !

REVO CAFE

Anantara The Palm Dubai Resort
✆ +971 4 567 8304
www.anantara.com
restaurants.dubai@anantara.com
Ouvert tous les jours de 8h à 22h30. Aux alentours de 130 AED pour le déjeuner ou le dîner.
A l'arrière du resort, près de la route de lisière qui fait fait le tour de la Palm par l'extérieur avec vue sur le littoral côté Jumeirah, c'est le café de l'Anantara, de style urbain chic et cool.

RONDA LOCATELLI

Atlantis, The Palm
Crescent Road, The Palm
✆ +971 4 426 2626
www.atlantis.com
Ouvert de midi à 15h puis de 18h à 22h, les week-ends jusqu'à 23h. Compter 200 AED.
Un très bon restaurant italien installé dans les murs de l'Atlantis, avec un authentique four à pizzas. On s'y régale aussi de pâtes enchanteresses et de ragoûts crémeux. L'air est plein de gaieté et de légèreté. Très grande carte végane disponible aussi.

TAGINE

One&Only Royal Mirage
King Salman Bin Abdulaziz Al Saud Street
✆ +971 4 399 9999
www.oneandonlyresorts.com
restaurants@oneandonlyroyalmirage.ae
Tramway Palm Jumeirah 1
Dîner uniquement de 19h à 23h30. Dernière réservation à 21h30, Fermé le lundi. Compter 250 AED.
Comme le laisse imaginer le nom de ce restaurant, vous êtes dans un petit Maroc au Tajine. Bricks, pastilla de pigeon, tagines divers, choix de couscous et de kebabs ! En dessert, on se laisse tenter par quelques pâtisseries marocaines ou une classique pastilla de lait, croquante et onctueuse.

THE BEACH HOUSE

Anantara The Palm Dubai Resort
East Crescent, Palm Jumeirah
✆ +971 4 567 8304
www.anantara.com
restaurants.dubai@anantara.com
Ouvert 7j/7 de 12h à 23h30. En moyenne 90 AED pâtes ou pizza, 140 AED un plat, 40 AED un dessert.
Comme son nom l'indique, le resto s'alanguit sur la plage, face aux villas sur pilotis façon Maldives. Un DJ mixe aux beaux jours et la terrasse surfe sur une atmosphère *trendy* le midi, plus romantique le soir. On vient surtout pour l'ambiance cool, le plaisir de grignoter pizza, poivrons rôtis, bruschetta de tomates et bœuf séché, ou encore fruits de mer, sans quitter son paréo.

THE LONDON PROJECT

BlueWaters ✆ +971 4 580 8570
www.thelondonproject.com
info@thelondonproject.com
Ouvert de midi à 23h30 et jusqu'à minuit les week-ends. Environ 220 AED par personne.
On est dans l'ambiance éclectique de Londres. On commence par un gin infusé maison et on se le prépare en écoutant les instructions de notre serveuse. Nous sommes bluffés par la présentation des cocktails. La carte colorée et internationale reflète la décoration et l'esprit de la maison. Le café « Shaken macchiato » est un must.

TORNO SUBITO

W Hôtel, The Palm West
✆ +971 4 245 5800
www.tornosubitodubai.com
tornosubitodubai@whotels.com
Ouvert de 12h30 à 15h et jusqu'à 16h30 les week-ends et de 18h30 à 23h30. Environ 220 AED par personne.
Dans une décoration ludique qui évoque l'atmosphère de la Riviera des années 60, les classiques de la cuisine italienne sont préparés avec des produits de première qualité. Terrasse superbe avec vue sur la Marina.

ZEST

One&Only The Palm
Palm Jumeirah West
✆ +971 4 440 1030
www.oneandonlyresorts.com
restaurants@oneandonlythepalm.com
Ouvert tous les jours de 7h à 23h. Environ 250 AED par personne. Tenue chic décontractée le soir : pantalon long pour les hommes.
Faites selon la météo et votre goût du moment, mais installez-vous bien, car le moment sera mémorable : la carte est créée par le chef étoilé Yannick Allieno. C'est parti pour un voyage à la fois en Asie, dans le monde arabe et sur les rives de la Méditerranée. Au dessert, vous avez le choix entre smoothies, milkshakes et desserts frais.

LUXE

ALICI

BlueWaters ✆ +971 4 275 2577
www.alici.com
reservations@alici.com
Ouvert de midi à 16h et de 19h à 23h30 pour le dîner. Environ 350 AED par personne.
Voici la côte amalfitaine à Dubaï. Alici dont le nom signifie anchois s'est installé pour notre bonheur à tous sur l'île de BlueWaters. Ce n'est pas uniquement la cuisine qu'ils ont transportée jusque sur l'île, mais tout l'art de vivre. Dans l'assiette, c'est le rendez-vous avec la fraîcheur et les produits de la mer sont sublimés.

FREVO

Palm Jumeirah
✆ +971 4 457 3388
www.fairmont.com
palm.dining@fairmont.com
Ouvert de 18h à 23h du dimanche au mercredi. Aux alentours de 350 AED par personne.
Voici, sans aucun doute, un, sinon le meilleur restaurant brésilien de la ville ! Ouvert uniquement pour le dîner, deux ambiances s'offrent à vous : soit la superbe terrasse avec une vue sur les gratte-ciel de la Marina ou à l'intérieur avec une cuisine semi-ouverte qui permet de voir les chefs en action.

LUCKY FISH

West Palm Beach
The Palm
✆ +971 4 569 3447
www.luckyfish.com
info@luckyfish.com
Ouvert de 11h à 1 h du matin. Enfants de moins de 16 ans ne sont pas acceptés. Environ 350 AED par personne.
Une très belle terrasse au bord de la plage, tout en bleu et blanc avec quelques touches de couleurs pour ce restaurant aux accents méditerranéens. La carte fait une grande place aux poissons, dont l'étalage se fournit largement auprès des pêcheurs locaux.

NOBU

Atlantis, The Palm
Crescent Road, The Palm
✆ +971 4 426 2626
www.atlantis.com
Ouvert tous les jours de 18h à 23h. Brunch le vendredi de midi à 15h. Compter 450 AED le repas.
Si vous mangez à Nobu, c'est un tel délice que vous en repartirez un peu plus heureux ! Pour alléger la note, picorez au sushi-bar ou profitez du brunch du vendredi. Superbe décor ethno-design sur cuisine ouverte.

OSSIANO

Atlantis, The Palm
Crescent Road, The Palm
✆ +971 4 426 2626
www.atlantis.com
Ouvert de 18h à 22h, Compter 475 AED hors boissons. Payement à l'avance

Nobu.

demandé. Consulter sur internet pour les jours de fermeture. Réservation à l'avance.
Feuilleter les réjouissances marines proposées par le chef, des produits forcément nobles et au destin élégant ! Face à cet aquarium hypnotique, dans le reflet de la vie ancienne, on romantise l'instant-dîner pour un repas délicieux.

PORTERHOUSE STEAKS & GRILLS
Sofitel The Palm Dubai
The Palm Jumeirah,
East Crescent Road
✆ +971 4 455 6677
www.sofitel-dubai-thepalm.com
dining.palmdubai@sofitel.com
Ouvert de 18h30 à 23h. En moyenne 400 AED par personne pour 3 plats à la carte.
C'est LE restaurant signature du tropical Sofitel The Palm Dubaï, une table courue pour son brunch du vendredi et pour sa carte de viandes de premier choix importées des meilleurs pays producteurs : steak de bœuf américain nourri au grain, gigot d'agneau ou bœuf « kobe » d'Australie, travers de porc de Nouvelle-Zélande, etc. Les desserts sont d'inspiration anglo-saxonne.

SUSHISAMBA
Level 51, St Regis Hotel
www.sushisamba.com
info@sushisambadubai.com
Le restaurant qui ouvrit le premier de la série à New York en 1999 vient juste de trouver un lieu magique à Dubaï. À peine inauguré, Sushisamba connaît un succès retentissant. À plus de 200 mètres, le restaurant avec ses immenses baies vitrées offre des vues à couper le souffle sur la Palm Jumeirah depuis le 51e étage de la Palm Jumeirah, il est indispensable de réserver ! La carte offre une cuisine fusion autour des influences japonaises, brésiliennes et péruviennes.

TORO TORO
Grosvenor House
Al-Sufouh Road
✆ +971 4 317 6000
www.torotoro-dubai.com
Ouvert de 19h à 1h. Brunch de 13h à 16h. Environ 275 AED par personne.
Lieu branché des sorties dubaïotes, Toro Toro est un restaurant et bar à l'ambiance sud-américaine sur deux étages, juste au bord de la marina. L'idée ici est de faire du repas un événement festif, comme c'est le cas en Amérique latine. Le plus sympa est donc de venir à plusieurs et de partager des tapas, ce qui permet de goûter à différentes saveurs.

ZETA SEVENTY SEVEN
JBR
Address Beach Resort
✆ +971 4 879 8866
www.addresshotels.com
dineatbeachresort@addresshotels.com
Ouvert de 11h à 23h30 et sur réservation. Tenue décontractée jusqu'au coucher du soleil et décontractée chic le soir. Age minimum : 21 ans. Consommation minimum de 700 AED par personne jusqu'à 17h et de 1 000 AED à partir de 19h. Fermé de juin à septembre.
Voici un restaurant à la vue époustouflante sur les îles artificielles de la Palm et de Bluewaters et au-delà. Côté carte, le chef Ruediger Lurz a concocté deux menus aux touches asiatiques. Un lieu exceptionnel et une des plus belles terrasses de la ville.

SHOPPING

Aux abords des plages, vous trouverez surtout des boutiques de souvenirs ou d'articles de baignade. Ces quartiers comptent en outre de plus en plus de petits malls à taille humaine, dont certains sont en plein air, rien à voir donc avec le gigantisme du Dubaï Mall ou du Mall of the Emirates.

BLUE WATERS

Blue Waters Island
✆ +971 4 371 3999
www.bluewatersdubai.ae
customercare@dubairetail.ae
Ouvert de 10h à 22h et jusqu'à 23h les week-ends.
Faire son shopping à Blue Waters est un peu la même expérience qu'à City Walk, La Mer, the Beach. Une série de boutiques se succèdent dans ce mall à ciel ouvert. Pour vous y rendre, soit emprunter le pont piétonnier depuis la Marina soit direction le Parking. Il est plus judicieux de s'y rendre en semaine pour éviter la foule. A l'heure du coucher de soleil, la lumière qui baigne les gratte-ciel est fabuleuse.

THE BEACH AT JBR

Entre le Sheraton Jumeirah Beach Resort et le Hilton Jumeirah
JBR ✆ +971 4 590 5090
www.thebeach.ae
customerservice@thebeach.ae
Tram Jumeirah Beach Residence
Ouvert de 10h à 23h
Une plage où de nombreuses boutiques se sont installées, une belle manière d'acheter quelques souvenirs.

SORTIR

Voici le quartier de Dubaï où l'on ne se couche presque jamais, l'endroit pour sortir le soir ! Les voitures les plus luxueuses narguent sur JBR, les belles de nuit se parent en mode très sophistiquée et la carte bleue flambe... Les jours les plus intéressants pour faire la fête sont les mercredis, jeudis et vendredis. Le quartier contient de nombreux bars et clubs très tendance avec la musique du moment et la hype attitude qui va avec. Vous n'aurez que l'embarras du choix. Notre sélection est un focus sur les *must* de la nuit *by the sea* au moment de notre enquête mais le monde de la nuit varie alors renseignez-vous tout de même sur place pour ne pas manquer LA boîte du moment qui vient d'ouvrir, même si les établissements que nous avons listés sont des valeurs sûres... Et rappelez-vous : *tonight is the night !* Alors il est temps de bouger votre corps mais sans tomber dans l'eau, bien sûr. Il fait chaud mais quand même, il faut savoir se tenir à Dubaï où la classe est une seconde nature.

CAFÉS – BARS

101 DINING & LOUNGE BAR

One&Only The Palm
West Crescent
The Palm Jumeirah
✆ +971 4 440 1030
www.oneandonlyresorts.com
Ouvert de 12h à 1h du matin. Pantalon long pour les messieurs. Jus de fruits à partir de 55 AED et cocktails à partir de 75 AED.
Via un ponton gracieusement alangui sur les flots laissant grimper les passerelles jusque sous le pavillon couvert, vous arrivez en 20 secondes chrono au bar. Le 101 est bien plus qu'un

concept pour les modeux, lesquels sont nombreux, mais plutôt l'alliance hautement réussie, inhabituelle, du yachting et du fooding.

AURA SKYPOOL LOUNGE

50 ème étage
The Palm Tower
www.sevenrooms.com
reservations@auraskypool.com
De 10h-14h : à partir de 170 AED, de 15h-19h : à partir de 200 AED, de 10h-19h : à partir de 370 AED. Les prix diffèrent entre 4 vues et 2 rangs : Ain, City, Burj et Palm et 1er ou 2ème rang. Réservation obligatoire sur internet.
Voici la plus haute piscine à débordement du monde ! Située au 50e étage en plein cœur de la Palm, cette piscine offre une vue exceptionnelle à 360 degrés sur Dubaï. On peut choisir de venir juste en matinée, pour le coucher du soleil ou pour toute la journée. Sublime spot pour un coucher de soleil.

BARASTI

Meridien Mina Seyahi Hotel
Al Sufouh Road
✆ +971 4 318 1313
www.barastibeach.com
03034.restaurants@lwestin.com
Ouvert tous les jours de 9h à 2h et les week-ends jusqu'à 3h. Bière à partir de 30 AED et cocktail aux alentours de 50 AED.
Cela peut être aussi dans l'après-midi et surtout en semaine, une excellente adresse dans le quartier de la Marina pour prendre un snack, un verre dans l'après-midi après un petit tour en jet ski ou en bateau par exemple. Il y a toujours du monde, en général plutôt des jeunes qui s'y retrouvent depuis des années.

BUDDHA BAR

Grosvenor House Hotel
Al-Sufouh Road
Marina
✆ +971 4 317 6000
www.buddhabar-dubai.com
Ouvert du samedi au mercredi de 19h à 1h, les jeudis et vendredis jusqu'à 2h. Bière à partir de 50 AED et le verre de vin à partir de 65 AED.
Le Buddha Bar inventé à Paris, juste après le Barfly, par Raymond Visan, et son décor en dédale tintino-zen sous les lustres rouges, est aussi à Dubaï et il offre une superbe vue sur la marina via ses grandes baies vitrées. Atmosphère orientale un brin éthérée prolongée par de très bons cocktails.
Coté clientèle, c'est flashy-bimbo et les amateurs de hype attitude ne seront pas déçus. Adresse en vue qui déclenche la venue de DJ sensationnels.

COVE BEACH

BlueWaters
Caesar Hotel
✆ +971 50 454 6920
https://covebeach.com
info@covebeach.com
Lounge de la plage ouvert de midi h à 23h30 du matin et jusqu'à 1h les week-ends. 55 AED le cocktail environ, 65 AED le verre de rosé. 110 AED le verre de champagne.
L'endroit est très beau, tout au bout de l'île de BlueWaters niché au sein du Caesars Palace. C'est là que va se coucher le soleil, non loin, donc nous vous le recommandons pour prendre un verre en fin d'après-midi et de préférence en semaine pour éviter la (grande) foule bimbo du week-end.

DRIFT BEACH

One&Only Royal Mirage Hotel
King Salman Bin Abdulaziz Al Saud Street
✆ +971 4 315 2200
www.driftbeachdubai.com
info@driftbeachdubai.com
Tramway Palm Jumeirah 1

Ouvert de 9h à 20h et le week-end jusqu'à 21h. Verre de vin à 70 AED et le verre de champagne à 145 AED.

Si le Drift est au départ un restaurant et une piscine d'hôtel, il peut être aussi l'endroit idéal pour se poser en fin d'après-midi et pour prendre un verre avant le dîner.

KOKO BAY

Unit 3
West Beach Palm
✆ +971 457 23444
www.kokobay.co

Ouvert en semaine de midi à minuit et les week-ends jusqu'à 1h. Bière : 42 AED, et le verre de vin à partir de 49 AED.

Sur cette longue promenade ouverte depuis peu sur la Palm, on peut se promener, déambuler et s'asseoir dans ce bar-restaurant pour déguster un de leurs cocktails, grignoter quelques chips de légumes, écouter la musique et observer le ballet des bateaux. L'ambiance est aux vacances, à la flânerie, pour quelques instants avant de replonger dans la frénésie de la ville.

© THE JETTY LOUNGE

The Jetty Lounge.

MAMA ZONIA

Marina Mall
Pier 7
✆ +971 4 240 4747
www.pier7.ae
reservations@mamazonia.com
Métro Damac Properties ou Jumeirah Lake Towers.

Ouvert tous les jours à partir de midi. Jusqu'à 1h en semaine et jusqu'à 2h du matin le week-end. Environ 54 AED pour une bière et à partir de 65 AED le cocktail.

Au deuxième étage du Marina Mall se trouve Mama Zonia. Comme son nom le laissait supposer, l'intérieur est vert (très vert). Très belle terrasse offrant de très belles vues sur les tours et les bateaux de la Marina. Si vous voulez prendre un verre, le meilleur moment est en dehors des repas. Cela permet de profiter d'une vue imprenable sur le Walk de la Marina. Grande carte de cocktails.

PURE SKY LOUNGE

35e étage
Hilton
JBR
✆ +971 4 318 2319
restaurant.jbr@hilton.com

Mardi, mercredi et samedi : 17h-2h matin. Jeudi et vendredi : 17h-3h matin. Fermé dimanche et lundi.
Pure Sky Lounge se trouve sur le rooftop du Hilton à JBR. Il offre une vue imprenable sur la grande roue et sur les gratte-ciel de la Marina. C'est un bar très couru au moment du coucher du soleil et en particulier au début du week-end. A découvrir absolument en couple ou avec une bande d'amis.

THE JETTY LOUNGE
One&Only Royal Mirage Hotel
King Salman Bin Abdulaziz Al Saud Street
✆ +971 4 399 9999
www.oneandonlyresorts.com
restaurants@oneandonlyroyalmirage.ae
Tramway Palm Jumeirah
Ouvert de 17h à 1h du matin. Le verre de vin à partir de 52 AED et le cocktail à partir de 65 AED.
Fauteuils lumineux, deck offert au large... C'est un site d'abandon immédiat, le stress est laissé au parking, pour un cocktail dans ce paradis vacancier. Un endroit idéal particulièrement à l'heure du coucher du soleil. Cela fait des années que nous le recommandons et ce lieu n'a jamais déçu.

THE POINTE
✆ +971 0 43909999
www.thepointe.ae
info@nakheelmalls.ae
Métrorail : Arrêt à la Pointe.
Ouvert de 10h à 1h et jusqu'à 2h les week-ends.
La promenade offre des vues imprenables sur les alentours. C'est aussi là qu'a lieu tous les soirs, à partir de 19h, un nouveau spectacle de fontaines dansantes qui sont reconnues comme les plus hautes du monde. Parmi les 35 restaurants qui ont élu domicile, nous vous recommandons Acapella.

THE ROOFTOP TERRACE
One&Only Royal Mirage Hotel
King Salman Bin Abdulaziz Al Saud Street
✆ +971 4 399 9999
restaurants@oneandonlyroyalmirage.ae
Tramway Palm Jumeirah
Ouvert de 17h à 1h.
Salon bar de style oriental niché entre les mamelons sommitaux de l'Arabian Court. Décor réussi, sièges confortables, coussins moelleux, atmosphère douce et feutrée, agréable musique en fond sonore, vue imprenable sur le parc.

CLUBS ET DISCOTHÈQUES

BARASTI
Meridien Mina Seyahi Hotel
Al Sufouh Road
✆ +971 4 318 1313
www.barastibeach.com
03034.restaurants@lwestin.com
Fermé à 2h du matin du samedi au mercredi et à 3h les jeudis et vendredis.
On vient s'amuser, pas dormir, sur deux niveaux, trois bars interconnectés, autant de sources rythmiques différentes, des pintes à gogo, la jeunesse *slim*, les cadres « porschés », quel bazar camarade ! Cependant, les fans de soirées hype resteront sur leur faim... Ici, on est plus dans une ambiance pub. A Dubaï, c'est un peu une bulle d'oxygène pour les amateurs de soirées à la bonne franquette.

BLABLA THE TENT

5101 Messer Street Beach
✆ +971 58 606 3535
www.blabladubai.ae
reserve@blabladubai.ae
Ouvert de 19h à 3h du matin.
Blabla the Tent n'est pas comme son nom semble l'indiquer un club sous une tente ! C'est un concept de 20 bars, un beach club et 2 restaurants répartis sur trois étages et près de 1 500 mètres carrés. Une ambiance électrique en plein JBR qui commence dès le matin pour s'achever au milieu de la nuit.

COVE BEACH

BlueWaters
Caesar Hotel
✆ +971 50 454 6920
https://covebeach.com
info@covebeach.com
Le Cove Beach ferme à 1h en semaine et à 3h les jeudis et vendredis. Au Lounge, sauf jours de promotion, consommation minimum de 250 AED par personne.
Bienvenue à un des clubs de plages les plus branchés de Dubaï. Régulièrement nominé comme l'un des meilleurs endroits pour faire la fête, Cove Beach est situé sur l'île de BlueWaters non loin du quartier de la Marina. Il offre une vue imprenable sur la mer et en particulier sur le coucher du soleil.

NASIMI BEACH

The Atlantis Hotel
Palm Jumeirah
✆ +971 4 426 2000
www.atlantisthepalm.com
Ambiance surtout les week-ends. De 10h à 22h.
Chaque week-end, c'est la procession des fêtards vers cette boîte de l'Atlantis sur la plage pour également dîner sur place. Superbe bar extérieur, au bord de l'eau, avec une magnifique vue sur les tours de la ville. Clientèle décontractée, jeune et fashion.

THE PENTHOUSE

Five Palm Jumeirah Dubaï
Golden Mile 5
Palm Jumeirah
✆ +971 4 455 9989
www.fivehotelsandresorts.com
Tous les jours de 16h à 3h du matin et jusqu'à 4h les week-ends.. Cocktail à 85 AED, Verre de vin à partir de 67 AED.
L'ambiance est plutôt à la grosse fête, plutôt (très) bimbo, la musique est bonne et l'alcool coule à flots ! Pendant que vous vous déhancherez sur le dancefloor à l'air libre vous ne manquerez pas d'admirer la vue qui donne sur la ville côté sud et sur les tours illuminées de la Marina côté nord. Tout est fait pour faire la fête, et laisser le temps filer derrière vous.

ACTIVITÉS ENTRE AMIS

BRASS MONKEY

Bluewaters Island
✆ +971 52 775 5317
www.brassmonkeysocial.com
reservations@brassmonkeysocial.com
Ouvert de 16h à 1h du matin du dimanche au mercredi. A partir de 15h le jeudi, 13h le vendredi et 14h le samedi.
Brass Monkey est un superbe bowling de 12 pistes avec aussi un billard, des jeux d'arcade et de réalité virtuelle et deux restaurants permettant de se retrouver entre amis, au frais dès la chaleur arrivée, dans une très belle ambiance pub et une déco rétro.

DUBAI DOWNTOWN ET SHEIKH ZAYED

Vue sur Dubaï.

© ELENVD - SHUTTERSTOCK.COM

IMMANQUABLE DANS CE QUARTIER

- Parcourir DIFC en admirant la perspective sur Downtown.
- Traverser Dubaï Mall et se perdre dans ses 1600 boutiques.
- Contempler Dubaï de l'observatoire de la Burj Khalifa, la plus haute tour du monde.
- Dîner sur l'une des terrasses du Souk al Bahar.
- Visiter les coulisses de l'Opéra de Dubaï.

DUBAI DOWNTOWN ET SHEIKH ZAYED

Si Gotham City fait vibrer Batman, Downtown Dubaï nous prend les tripes. Cette cité grimpante et carnivore, telle une plante tropicale tombée de la planète « Ex-Nihilo », compose chaque jour une histoire nouvelle, aidée par la fantaisie dispendieuse de ses propriétaires et par la concentration assez extraordinaire de gens talentueux venus de la planète entière. Ce quartier regroupe ici les établissements sélectionnés dans les différents écosystèmes urbains, donc toujours dans une ambiance et un cadre similaires : proche d'un mall, d'une autoroute, d'un cinéma, des tours et des lumières le soir. On aime, on adore, essayez. On y trouve le fameux Burj Khalifa, le DIFC des traders, des malls immenses, le tout traversé par la fameuse Sheikh Zayed Road. C'est un mix urbain à la new-yorkaise, entre galeries d'art contemporain, business centers, lounges VIP et boutiques siglées.

Voici quelques repères : Il faut tout de suite repérer les tours prismatiques et jumelles d'Emirates Towers. Entre Emirates Towers on aperçoit, un peu en retrait, le DIFC (Dubaï International Financial Centre) avec son arche. Située sur la gauche juste, Burj Khalifa se dresse à près de 830 mètres, décrochant ainsi le record mondial de la tour la plus haute ! La flèche est flanquée du Dubaï Mall qui comprend 1 200 boutiques et un aquarium géant, l'ensemble formant avec le lac, les fontaines musicales, l'Opéra et le Souk Al Bahar ce que l'on appelle Downtown.

Depuis la plateforme d'observation de la Burj Khalifa.

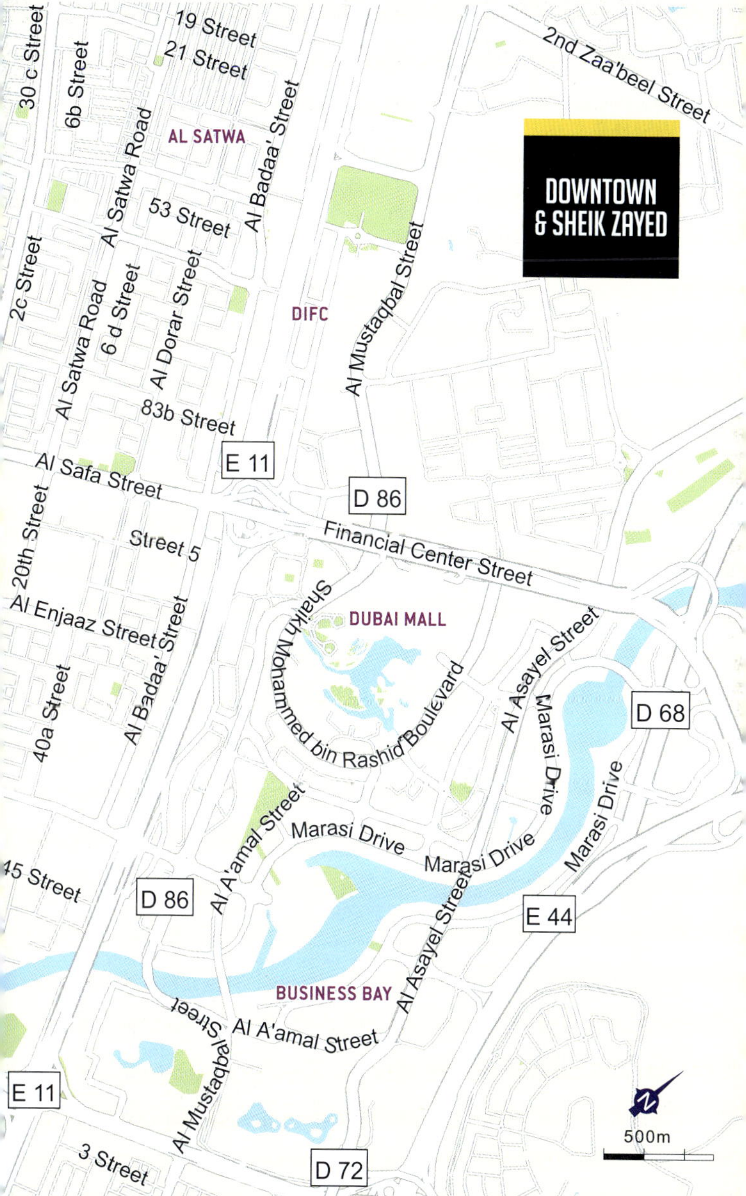

DOWNTOWN
& SHEIK ZAYED
AL SATWA
DIFC
DUBAI MALL
BUSINESS BAY
19 Street
21 Street
30 c Street
6b Street
Al Satwa Road
Al Badaa' Street
53 Street
2c Street
6 d Street
Al Dorar Street
Al Mustaqbal Street
2nd Zaa'beel Street
83b Street
E 11
D 86
Al Safa Street
Financial Center Street
20th Street
Street 5
Al Enjaaz Street
Sheikh Mohammed bin Rashid Boulevard
Al Asayel Street
Marasi Drive
D 68
40a Street
Al A'amal Street
45 Street
E 44
D 72
3 Street
500m

VISITER

On peut partager la visite de Downtown entre le quartier financier de DIFC qui est déjà une attraction par son intérêt architectural mais aussi par le nombre de galeries qu'il abrite et les quelques sculptures que l'on peut y trouver. L'autre attraction de Downtown, c'est le quartier construit autour de la Burj Khalifa tout autour de Sheikh Mohammed boulevard comme

SHEIKH ZAYED ROAD

Le cœur de Dubaï, son centre-ville, a pour artère principale la Sheikh Zayed Road, qui porte donc le nom du sheikh qui fut le père fondateur de l'union des émirats, le 2 décembre 1971. Mais cette route n'est pas seulement une autoroute qui relie Dubaï à Abu Dhabi. En raison de la densité urbaine de ses contre-allées et de son architecture ultramoderne, elle est devenue un important quartier économique, commercial, résidentiel et touristique. Fragmentée en sections par des échangeurs, la Sheikh Zayed Road commence au World Trade Center, le premier et le plus ancien building de Dubaï, construit en 1979, quand le quartier n'était encore qu'une vaste étendue de sable. C'est dans ce quartier que se concentre la substantifique moelle de l'épopée moderne dubaïote avec des centaines de gratte-ciel à l'architecture moderne, incroyables par leur originalité et leurs dimensions impressionnantes. Partout règnent le verre et l'acier en maître. Seul le World Trade Center est en béton. Cette grande tour blanche, le plus ancien gratte-ciel de Dubaï, fait presque figure de vieille bâtisse... En partant du World Trade Center vers l'échangeur n° 1, on passera devant plusieurs grands ensembles à droite. On découvre ensuite les tours prismatiques d'Emirates Towers et le Dusit, un édifice de la chaîne thaïlandaise Dusit, en forme de mains jointes pour symboliser le salut de politesse asiatique. En continuant sur SZR (Sheikh Zayed Road), on découvre le canal qui serpente le long de Business Bay. Au-delà de l'échangeur suivant, débute la vaste zone industrielle d'Al Quoz, composée principalement d'entrepôts métalliques qui cachent des galeries d'art design à la pointe de l'avant-garde. En progressant sur l'axe principal, on aperçoit sur la gauche le fameux Mall of the Emirates, avec son enseigne Carrefour et surtout sa piste de ski indoor enserrée dans un immense tube métallique aplati aisément repérable. Plus loin sur la droite, après la bretelle qui mène à la Palm Jumeirah, on longe l'Internet City tandis qu'en face s'étend l'Emirates Golf Club. Enfin, après l'échangeur n° 5 qui mène sur la gauche à l'immense zone résidentielle d'Emirates Hills, débute, sur la droite, le vaste complexe de la Marina et ses gratte-ciel, entourée de canaux artificiels remplis d'eau de mer et comprenant hôtels, résidences, bureaux, ports de tourisme. Au-delà de la Marina, il ne reste qu'une petite étendue de sable avant de passer devant le gigantesque mall d'Ibn Battuta, sur la gauche, et d'arriver à la zone industrielle et commerciale de Jebel Ali, sur la droite. La Sheikh Zayed file ensuite sur Abu Dhabi à travers le désert.

© S-F – SHUTTERSTOCK.COM

Aquarium & Underwater Zoo.

Le Dubaï Mall, la fameuse tour, l'Opéra de Dubaï et le spectacle magique des fontaines et laser au pied du Burj tous les soirs, et bien d'autres surprises dignes du gigantisme dubaïote ; gageons que vous ne vous ennuierez pas une seule seconde à Downtown et que vous en repartirez avec des étoiles plein les yeux. Le quartier à ne pas manquer, symbole de Dubaï.

AQUARIUM & UNDERWATER ZOO ★

Dubai Mall
✆ +971 4 448 5200
www.thedubaiaquarium.com
Métro Dubai Mall

Ouvert de 10h à 22h, jusqu'à minuit du jeudi au samedi (dernière admission : 23h). A partir de 169 AED par personne. Enfants de moins de 3 ans : Gratuit. Certains tickets permettent la montée à la Burj Khalifa et la visite de l'aquarium.

Ce fantastique aquarium, enchâssé dans Dubaï Mall, revendique son inscription au livre *Guinness des records* pour le plus grand panneau acrylique translucide du monde derrière lequel s'agitent 33 000 poissons (dont 140 espèces et 300 requins) dans 10 millions de litres. Un tunnel long de 48 mètres vous entraîne à 11 mètres sous le grand bleu.

© JENKOATAMAN – SHUTTERSTOCK.COM

Visite de la Burj Khalifa.

© KATIEKK – SHUTTERSTOCK.COM

Dubaï Frame.

BURJ KHALIFA ★★★

1 Mohammed Bin Rashid Boulevard

Voir page 12.

DUBAI FRAME ★★

Zabeel Park, Zone A Porte 4

✆ 800900

www.dubaiframe.ae

Ouvert de 9h à 21h. 50 AED à partir de 12 ans. 20 AED. Gratuit pour les personnes à mobilité réduite et deux accompagnants et pour les enfants de moins de 3 ans

Ce bâtiment emblématique qui, comme son nom le laisse supposer, est un cadre photo géant, a pour structure deux piliers hauts de 150 mètres reliés par une passerelle partiellement en verre de 93 mètres de long, qui sert de plateforme d'observation.

LES FONTAINES DANSANTES DE LA BURJ KHALIFA ★★★

Dubai Mall

✆ +971 4 567 2030

Métro Dubai Mall

De 18h à 23h, toutes les demi-heures. On peut aussi réserver l'accès à une plateforme pour être au plus près des fontaines : 20 AED par personne. Promenade en barque électrique et spectacle des fontaines à partir de 95 AED par personne. D'octobre à fin mars et pendant le ramadan : spectacle laser transformant la façade de la Burj Khalifa en plus grand écran du monde.

Au son de célèbres airs classiques, de musique pop ou de tubes de musique arabe et hindi, c'est la danse de l'eau dans la lumière. Fascinant spectacle lorsqu'à la nuit tombée, cette diabolique machinerie californienne à 220 millions de dollars propulse 83 000 litres d'eau (traitement Veolia) jusqu'à 150 m de haut (soit plus haut que la tour du Concorde La Fayette !).

INFINITY DES LUMIÈRES

Niveau 2 en face des Galleries Lafayette, Dubai Mall

www.infinitylumieres.com

Dubai Mall

Ouvert de dimanche à mercredi de 10h à minuit et le week-end jusqu'à 1h du matin. Journée pour les femmes seulement le mardi de 10h à 15h. 150 AED par personne au-dessus de 12 ans, mais sur internet le prix est de 125 AED. Enfants 75 AED. Moins de 3 ans entrée gratuite. Personnes avec handicap : gratuit.

Cet espace d'art digital inspiré de l'atelier des lumières transporte le visiteur dans une expérience immersive sensationnelle. 130 projecteurs et 58 haut-parleurs projettent du sol au plafond des chefs-d'œuvre sur plus de 3 300 mètres carrés. 68 minutes plus tard, après avoir visité les 3 espaces, on ressort ému, ressourcé comme après une méditation.

Le show laser à la Burj Khalifa d'octobre à fin avril.

© EMMANUELLE JOURDEUIL

Opéra de Dubaï.

OPÉRA DE DUBAÏ ★★

Sheikh Mohammed bin Rashid Boulevard, Downtown
✆ +971 4 440 8888
www.dubaiopera.com
boxoffice@dubaiopera.com
Métro Dubai Mall.

Prix des places variable en fonction du concert, opéra, comédie musicale. Tour architectural de l'Opéra d'environ 45 minutes. Prix par personne 75 AED et 40 AED pour les enfants. Tour des coulisses de l'opéra d'environ 45 minutes. Prix par personne 95 AED et 65 AED pour les enfants entre 7 et 16 ans. Ces horaires peuvent être modifiés en fonction de la programmation. Réservation par Internet.

Stratégiquement placé au pied du Burj Khalifa et face aux fontaines les plus hautes du monde, le Dubaï Opera House s'élève en pièce maîtresse du nouveau quartier de Downtown « The Opera District ». A l'architecture novatrice, avec sa structure en verre et en acier et ses lignes courbes, il rappelle les formes élégantes des boutres en bois qui sillonnent le golfe Persique, ces navires à voile particuliers à la région. C'est à la proue du bateau que se trouvent la scène principale, l'orchestre et les places assises pour le public.

SKY VIEWS

Sheikh Mohammed bin Rasheed Boulevard
The Address Sky View Hotel
✆ 800 288 438 67
www.skyviewsdubai.com

Amateur de sensations fortes et fan des photos inédites pour réseaux sociaux, voici l'attraction qu'il vous faut ! Ouvert en novembre 2021, elle est composée de 4 espaces que vous pourrez indépendamment expérimenter. Le premier est une plate-forme d'observation à laquelle vous accédez par un ascenseur tout en verre. Le deuxième espace baptisé Sky Glass Slide est un toboggan tout en verre qui vous fera descendre du 52e étage au 51e en quelques secondes. Sensation forte garantie si vous n'oubliez pas de laisser les yeux ouverts !

DIFC : DES GALERIES D'ART AUSSI !

Les galeries d'art du DIFC sont haut de gamme et présentent une grande variété artistique et culturelle. De très grandes galeries d'art contemporain y ont pris leurs quartiers, certaines d'entre elles y organisent même des ventes aux enchères. Seconde plateforme artistique de Dubaï après Al Qhoz, le DIFC a, de toute évidence, un caractère plus commercial que ce dernier. On peut aussi y aller pour admirer le site et les tours des alentours.

■ **ART SAWA** ★
Gate Village Building 8
Sheikh Zayed Road
DIFC
✆ +971 4 386 2366
www.artsawa.com
info@artsawa.com
Ouvert de 10h a 19h30. Fermé le vendredi.
Art Sawa – qui a une seconde adresse à al-Quoz – est un espace dynamique de rencontres et d'expression, un projet ambitieux proposant des expositions, des ateliers et des conférences.

■ **AYYAM** ★
Gate Village Building 3
DIFC
✆ +971 4 323 6242
www.ayyamgallery.com
dubai@ayyamgallery.com
Métro Emirates Towers
Ouvert de 10h à 18h. Fermé le vendredi et le samedi.

Porte d'entrée du quartier financier de Dubaï, le DIFC.

Elle représente des artistes de renommée internationale tels que Samia Halaby, Nadim Karam et Sawan Dahoul. La galerie publie des petits livrets sur les œuvres des artistes, très instructifs pour comprendre l'art contemporain régional.

Autre adresse : Alscerkal Avenue Entrepôt 11. Ouvert tous les jours de 10h à 18h, fermé le vendredi

DIFC ★
DIFC
✆ +971 4 362 2222
www.difc.ae
Métro Emirates Towers.
Le Dubai International Financial Centre n'est pas que le centre financier le plus grand du Moyen-Orient. C'est une enclave remarquable qui combine architecture, design industriel, espaces intérieurs et jardins. On y trouve aussi de nombreuses galeries d'art à Gate Village et de nombreux restaurants raffinés et très branchés. Inauguré en 2004, il se compose de trois zones où les architectes ont rivalisé d'ingéniosité pour transformer ces 48 hectares en un quartier piétonnier, vivant tant pendant la journée que le soir. Les 15 000 employés de DIFC au profil très city se promènent ainsi tout au long de l'année dans cet espace dépourvu de voitures et très bien ventilé.

THE EMPTY QUARTER ★★
DIFC, Gate Village Building 2
✆ +971 4 323 1210
www.theemptyquarter.com
info@theemptyquarter.com
Métro Emirates Towers
Ouvert de 9h a 19h. Fermé le vendredi et le samedi.
Cofondée par la princesse et photographe Reem al-Faisal et l'Émirienne Safa al-Hamed, The Empty Quarter est la première galerie de son genre dans la région : la seule et unique galerie des Émirats et du Moyen-Orient dévouée exclusivement à la photographie d'art.

Le troisième espace et probablement le plus impressionnant est Sky Edge Walk : harnaché solidement, vous allez marcher sur le rebord d'une structure métallique longue de 45 mètres, sans aucune vitre, avec pour seule protection votre harnais ! En dessous 219 mètres et le vide ! De l'adrénaline à l'état pur. Enfin le dernier, est une longue passerelle intérieure, mais toute de verre, que vous emprunterez pour passer d'une tour à l'autre.

THE DUBAI MALL – SOUK AL BAHAR ★★★

Sheikh Mohammed bin Rashid boulevard
✆ +971 4 362 70 11
www.thedubaimall.com
enquiry@thedubaimall.com
Métro Dubai Mall
Ouvert de 10h à 23h et jusqu'à minuit du jeudi au samedi. Les horaires varient pendant le Ramadan et les grandes fêtes. Possibilité de louer chaises roulantes, poussettes, au niveau Cinéma Parking du niveau 6 et 7 et au niveau 4 et 5 du Fashion Parking : Prix aux environs de 80 AED pour 3 heures. Service de livraison de courses à certains hôtels gratuitement après 500 AED d'achats : renseignement auprès des points information. Pour y accéder, nous vous recommandons de prendre un taxi plutôt que votre voiture, surtout les week-ends. Le parking est immense et on peut tarder jusqu'à 45 minutes pour sortir les jours de grande affluence.

« Welcome to everything », tout est dans le slogan ! Bienvenue dans le plus grand mall du monde ! Vous y attendent, entre autres, 1 200 boutiques, 160 restaurants, un aquarium géant, une patinoire, un souk de l'or, un autre souk dédié aux chaussures, un multiplexe de 22 salles, les premières Galeries Lafayette du Moyen-Orient ainsi que le premier magasin Bloomingdale's, ou encore le trendy Symphony pour les fringues créateurs. 5 % du PIB des EAU sortent tout droit de ce temple du shopping et le centre commercial accueille 80 millions de visiteurs par an.

© PPICTURES – SHUTTERSTOCK.COM

The Dubai Mall – Souk Al Bahar.

Musée du futur.

THE MUSEUM OF THE FUTURE

Juste à côté d'Emirates Towers
Sheikh Zayed road
www.museumofthefuture.ae
museum@dubaifuture.gov.ae
Métro Emirates Towers

Ouverture en février 2022. Nous vous recommandons de regarder régulièrement sur internet pour avoir les détails sur les conditions d'entrée, les horaires.

Le musée du Futur se veut l'écrin des tendances et des opportunités de demain. Un incubateur pour l'innovation technologique et le design. Le bâtiment est composé d'un anneau ovale et conçu par l'architecte sud-africain Shaun Killa. La structure horizontale et arrondie accueillesur 7 étages des chercheurs, designers, inventeurs pour répondre à des questions cruciales que devra affronter l'humanité comme l'éducation, les énergies, les transports, la santé.

SE RESTAURER

Au cœur de la ville, le niveau gastro monte d'un cran. Les établissements se suivent et ne se ressemblent pas. Tous rivalisent de créativité pour être au top du top. Le choix fut difficile pour nous mais nous avons essayé de vous trouver la crème de la crème des restaurants pour faire le bonheur de vos papilles alors ne pas prendre un repas au moins une fois dans le quartier de Downtown cela serait vraiment dommage. Pour le déjeuner, choisissez de préférence DIFC (quartier financier) et pour le soir une table à l'extérieur pour admirer les fontaines et le show laser de la Burj Khalifa ou dans le quartier de Business Bay.

BIEN ET PAS CHER

EATALY

Ground Floor, Dubai Mall
✆ +971 4 330 8899
www.eataly.ae

Métro Burj Khalifa/The Dubai Mall
Ouvert tous les jours de 9h à 23h, jusqu'à minuit le week-end. Compter 150 AED.
Cette immense épicerie italienne permet aussi de se restaurer. A l'entrée, le café convient pour une pause rapide, et sur les côtés se trouvent plusieurs stands pour manger sur le pouce, dont un dédié à la célèbre pâte à tartiner. Au fond, le restaurant cuisine tous les classiques à base de produits frais, et offre un menu spécial pour les plats à la truffe.

SHAKESPEARE AND CO

Souk al Bahar
3e étage
✆ +971 4 425 7971
www.shakespeare-and-co.com
admin@shakespeareandco.com
Métro Burj Khalifa/The Dubai Mall
Ouvert de 7h à 1h. Compter 100 AED.
Une bonne adresse pour manger des petits plats simples ou des crêpes à petits prix, en terrasse, face au spectacle des fontaines. Que demander de plus ? Une table bien en face du spectacle peut-être... Mais pour cela, il faudra arriver tôt ! To be futé or not to be... A noter : la possibilité de fumer une bonne shisha pendant le show, pour les amateurs.

SOUK AL BAHAR RESTAURANTS

Sheikh Mohammed bin Rashid boulevard
✆ +971 4 362 7011
www.soukalbahar.ae
Métro Burj Khalifa/The Dubai Mall
Ouvert de 10h à 1h, le vendredi à partir de 14h. Plats légers ou repas à partir de 100 AED. Réservation recommandée.
Dans le cadre d'un souk reconstitué et sachant que l'objectif n° 1 est d'avoir les meilleures places pour le spectacle des fontaines et du Burj Khalifa, le *Petit Futé* vous propose une sélection. Soit à l'étage : à droite, Bice Mare (Italie marine) et Abdel Wahab (Liban). Au rez de lac, à droite, Sammach (poissons à l'étal) et à gauche, Meat&Co.

HALAL ET HARAM

Le Coran est très strict en ce qui concerne l'alimentation autorisée aux musulmans. Nombreuses denrées sont ainsi considérées comme « haram », c'est-à-dire impropres à la consommation. C'est notamment le cas du porc, qui est vendu à part dans les supermarchés ou remplacé par du bacon de bœuf ou de dinde. Les restaurants autorisés à le servir (ceux des hôtels internationaux en général) doivent être équipés d'un matériel spécialement prévu à cet effet : frigo, ustensiles et plaques de cuisson. Ils doivent aussi indiquer clairement sur les menus tous les plats contenant du porc, comme ceux cuisinés avec de l'alcool. Par ailleurs, toutes les viandes consommées par les locaux doivent être « halal », c'est-à-dire autorisées par l'islam et préparées d'une façon bien précise. Au moment de sa mise à mort, l'animal doit être tourné vers La Mecque et saigné en bonne et due forme. C'est d'ailleurs la raison pour laquelle la viande locale est toujours plutôt pâle.

WAFI GOURMET

Dubai Mall
✆ +971 4 330 8297
www.wafigourmet.com
info@wafigourmet.com
Métro Dubai Healthcare City
Ouvert de 10h à minuit et jusqu'à 1h du jeudi au samedi.. A partir de 70 AED.
Devant les fontaines de Dubaï Mall. Une bonne adresse pour les gourmands, et nous le sommes tous devant ces victuailles levantines. C'est l'occasion de goûter les mezze ou de commander un *shawarma*. Dégustation sur place ou à emporter, grand choix de dattes, de fruits secs, de miels.

Autres adresses : Festival Centre • The Dubai Mall

BONNES TABLES

ABD EL WAHAB

3e étage
Souk Al Bahar
✆ +971 4 423 0988
www.hhh-me.com
Ouvert tous les jours de 12h30 à 0h30. Environ 150 AED par personne.
Le nom du restaurant est tiré de la rue qui a abrité le premier de la chaîne à Beyrouth et qui est une institution au Liban. C'est au cœur du Souk al Bahar, que le restaurant vous offre une des plus belles terrasses pour admirer le spectacle des fontaines dansantes et du show laser de la Burj Khalifa.

BILLIONAIRE MANSION

Business Bay
Burj Khalifa Street
Taj hotel
✆ +971 4 510 3100
www.billionairesociety.com
dubai@billionairedubai.com
Ouvert de 21h à 2h. Fermé le lundi. Restauration jusqu'à 23h. Spectacle à partir de 21h. Le minimum pour la note du restaurant est de 450 AED par personne. Réservation recommandée.
Voici un restaurant qui a su réunir le style cabaret avec une cuisine italienne divine agrémentée de quelques plats japonais, et même des flambages à la table. Côté service, voici des serveurs enthousiastes et côté clientèle on a pu constater lors de notre passage la présence de beaucoup de VIP et de célérités. L'ambiance est au rendez-vous. Pendant le dîner et de façon intermittente, les numéros de cabaret et la musique se succèdent.

BLEU BLANC

Marasi Drive
✆ +971 4 512 5533
www.bleublanc-dubai.com
lets.eat@bleublanc-dubai.com
Du mardi au jeudi, ouvert de 18h à minuit. Environ 300 AED par personne. Fermé le dimanche.
Situé à côté de l'entrée principale de l'hôtel, le Bleu Blanc vous accueille dans un très bel écrin aux couleurs provençales, et le ton est donné dès la porte d'entrée. Bicyclette bleu lavande, meubles décapés : le style est informel, mais chic. Sans prétention, mais avec un service soigné et une belle carte des mets, voilà un beau bistrot revisité et une belle adresse en plein cœur de Business Bay.

CÉ LA VIE SKY BAR

Adress Sky View Hotel
Sheikh Mohammed bin Rashid Boulevard
54e étage
✆ +971 0 4 582 6111
www.celavi.com
reservation-dxb@celavi.com

Métro Dubai Mall.
Déjeuner de midi à 16h, et dîner de 18h à 0h30. Déjeuner à partir de 140 AED en semaine : Business lunch. Consommation minimum de 500 AED par personne. Les enfants de moins de 21 ans ne sont pas admis après 23h.
Que le restaurant porte bien son nom : depuis que le restaurant a ouvert tout le monde s'y presse. Attendez-vous à trois choses : du monde chic et branché, une vue exceptionnelle sur la Burj Khalifa et une cuisine asiatique contemporaine emmenée par le Chef Howard Ko.

L'ETO
Niveau 7 du Fashion Parking
non loin du magasin Nike.
Dubai Mall
✆ +971 4 345 2211
www.letocaffe.ae
dubaimall@letocaffe.ae
Métro Dubai Mall.
Ouvert de 10h à 23h et jusqu'à minuit du jeudi au samedi. Environ 75 AED par personne.
On y va d'abord pour la superbe terrasse panoramique qui donne sur les fontaines de la Burj Khalifa. Toutes les cuisines du monde ont été invitées et par conséquent toutes les nationalités s'y retrouvent particulièrement les Émiratis. Le restaurant est surtout plein en week-end du brunch jusqu'en soirée.

LA MEZCALERIA
Business Bay
The Oberoi
27e étage
✆ +971 5 04234044
www.lamezcaleriadxb.com
reservations@lamezcaleriadxb.com
Ouvert tous les jours de 18h à 2h, le jeudi jusqu'à 3h et le vendredi de 13h à 2h. Environ 220 AED sans les boissons.
La cuisine mexicaine est à l'honneur avec de très bons tacos et nachos à la présentation épurée, à laquelle se mêlent aussi d'autres inspirations plus asiatiques. Dès le soleil couché, on s'installe sur la très belle terrasse qui offre une vue superbe sur les tours de Downtown. La musique est forte, presque trop, mais quelle ambiance !

MINA BRASSERIE
Gate Village Building 9 Podium Level
DIFC
Four Seasons Hotel
✆ +971 04 506 0100
www.minabrasserie.com
Déjeuner de midi à 15h. Dîner de 19h à 23h30. Business lunch en semaine à partir de 120 AED. Environ 300 AED par personne.
L'endroit est très agréable et calme, baigné de lumière, pendant la journée et se transforme en un lieu branché, où tous les occupants des bureaux avoisinants se donnent rendez-vous pour un verre. Le service est remarquable et très professionnel.

NINIVE
Emirates Towers Hotel
✆ +971 432 66 105
www.ninive.ae
info@ninive.ae
Environ 280 AED par personne.
C'est le restaurant branché de la cuisine du Moyen-Orient. La cuisine de l'Irak, la Turquie, Le Maroc sont à l'honneur et pour écrin une superbe terrasse qui vous attend face au centre financier et aux tours de Downtown.

PRIME 68 STEAKHOUSE

Business Bay, JW Marriott Marquis
✆ +971 4 414 3000
www.jwmarriottmarquisdubailife.com
Environ 600 AED par personne. Ouvert de 18h à minuit. Le vendredi, brunch de 13h à 16h.
Perché, comme son nom l'indique, au 68e étage du deuxième plus haut hôtel du monde, le Prime 68 offre une vue époustouflante et panoramique sur la ville. Le restaurant est chic et feutré et parfait pour un dîner romantique. Côté carte, les amateurs de viande seront au 7e ciel tant l'offre et la qualité des viandes proposées sont exceptionnelles !

LA SERRE BISTRO & BOULANGERIE

Vida Downtown Dubai Hotel
Mohammed bin Rashid Boulevard
✆ +971 4 528 3779
www.laserre.com
reservations@laserre.com
Métro Burj Khalifa/The Dubai Mall
Bistrot ouvert de midi à 3h. Les vendredis et samedis, brasserie ouverte à partir de 9h.
Construite sur deux niveaux et flanquée de baies vitrées faisant toute la hauteur du bâtiment, La Serre mérite bien son nom. Le rez-de-chaussée est réservé à la traditionnelle boulangerie parisienne, avec ses délicieuses pâtisseries, qui sert des petits déjeuners et des salades très abordables. Le premier étage est dédié au bistrot qui propose une cuisine méditerranéenne française.

SIRAJ

2e étage, Souk Al Bahar
✆ +971 4 513 6205
www.sirajrestaurant.com
reservations@sirajrestaurant.ae
Ouvert de mdi à 1h du matin. Environ 160 AED par personne.
L'ambiance est feutrée, la qualité des plats irréprochable. Une terrasse en extérieur vous propose une vue partielle sur les fontaines. Une belle adresse pour faire une pause à quelques enjambées de Dubai Mall.

LUXE

AMAZONICO

DIFC
✆ +971 4 457 3999
www.amazonicorestaurant.com
reservations@amazonicorestaurant.com
Ouvert de midi à 2h et jusqu'à 3h du mercredi au samedi inclus. Tenue chic décontractée. Environ 250 AED par personne. Business lunch à 125 AED.
Exubérance de la décoration qui reflète l'ambiance de la forêt tropicale imaginée par Lazaro Rosa-Violan. A la carte, le chef célèbre la diversité culturelle et l'héritage gastronomique de l'Amazonie avec des influences en provenance d'autres pays voisins de l'Amérique du Sud.

L'ATELIER DE JOËL ROBUCHON

Gate Village 11, DIFC
✆ +971 4 297 7729
www.atelier-robuchon.ae
reservation@atelier-robuchon.ae
Métro Financial Centre.
Ouvert de 11h30 à 15h30 et de 18h30 à minuit. Déjeuner business à 129 AED par personne et à la carte le soir. Environ 400 AED par personne.
Depuis son ouverture, l'atelier de Joël Robuchon affiche complet le midi comme le soir. Dans un décor en rouge et noir, le disciple du grand chef, Axel Manes, mène d'une main

de maître l'établissement. La clientèle chic et cosmopolite aime ce lieu où les produits de saison sont à l'honneur.

AT.MOSPHERE

Burj Khalifa, Sheikh Mohammed bin Rashid Boulevard
Au 122e étage
✆ +971 4 888 3828
www.atmosphereburjkhalifa.com
Métro Burj Khalifa/The Dubai Mall
Petit déjeuner de 7h à 12h30 : consommation pour 200 AED minimum. Déjeuner de 1h à 17h : consommation minimum pour 245 AED par personne. Dîner de 17h30 à 1h30 : consommation minimum de 500 AED par personne pour une table près de la fenêtre sinon 300 AED par personne. Bien préciser lors de la réservation si vous voulez une table près de la fenêtre. Côte vestimentaire : Chic décontracté (pas de tong, ni de short, ni de t-shirt). Enfants autorisés à partir de 5 ans et seulement de midi à 17h. Pour le dîner les adultes de plus de 21 ans sont autorisés.

Deux niveaux sous la plate-forme publique d'observation, à 408 mètres de hauteur, et auquel on accède par un ascenseur privé, voici le dîner le plus perché de la ville. A midi, c'est époustouflant et si vous le pouvez, choisissez cette option plutôt que la montée traditionnelle. Le soir, on ne voit rien de très précis. Carte internationale.

BAGATELLE

Hotel Fairmont
Sheikh Zayed Road
✆ +971 4 354 5035
www.bagatelledubai.com
Reservation@bistrotbagatelle.com
Métro World Trade Centre
Ouvert tous les jours de 18h à 3h. Environ 600 AED par personne.

Bienvenue à Bagatelle, restaurant méditerranéen et français. Ici c'est la joie de vivre qui vous attend, celle du Dubaï chic, clinquant et sophistiqué qui fait écho à un Saint-Tropez en plein mois d'août. La musique est forte et les nuits sont longues à Bagatelle car le public emporté par le rythme des platines du DJ ne part plus.

LA CANTINE DU FAUBOURG

Emirates Towers
✆ +971 4 352 7105
www.lacantine.ae
book@lacantine.ae
Ouvert du dimanche au mercredi de midi jusqu'à 2h les jeudis jusqu'à 3h. Brunch les vendredis et samedis de midi à 17h puis dîner 19h à 3h. Environ 350 AED par personne. Tenue chic, décontractée. Pas de shorts. Réservation recommandée.

Le restaurant français le plus branché de Dubaï offre une belle carte, mais surtout un lieu mythique où l'on aime s'amuser et se retrouver soit en terrasse, mais l'intérieur ne désemplit pas non plus. Après minuit, le lieu a presque l'aspect d'une discothèque !

GAIA

Gate n°4, DIFC
✆ +971 424 14242
www.gaia-restaurants.com
reservations@gaia-dubai.com
Ouvert de midi à 16h et de 19h à minuit. Environ 350 AED par personne.

Le concept est simple, une cuisine grecque généreuse, des plats à partager, une exigence sur la fraîcheur des produits. Le résultat est convaincant, on y vient une première fois par curiosité, et on y revient encore par conviction que ce soit à midi ou le soir. Décidément, Gaïa a enfanté un bien bel endroit au pays des Bédouins.

© LA PETITE MAISON

La Petite Maison.

LA PETITE MAISON

Gate Village n°8
DIFC
✆ +971 4 439 0505
www.lpmrestaurants.com
info@lpmdubai.ae
Métro Emirates Towers

Ouvert de midi à 16h et de 18h à 23h et jusqu'à 23h30 les week-ends. Environ 400 AED. Tenue chic décontractée.

Vous pourrez y goûter la divine pissaladière, les petits farcis, les aubergines grillées, les rigatoni aux truffes, le loup de mer en croûte de sel ou l'inimitable poulet au foie gras. Dans l'improbable lacis wall-streetien du DIFC, vous voici dans cette brasserie claire et modeuse embrasée de gaieté, toujours élégante, où se régalent les fourchettes les plus difficiles.

SHANGHAI ME

Gate Village 11, DIFC
✆ +917 4 564 0505
www.shanghaime-restaurant.com
reservation@shanghaime-restaurant.com
Métro Financial Centre.

Ouvert tous les jours de midi à 2h sauf le dimanche le restaurant ferme à 1h. Environ 400 AED par personne.

Dans les restaurants à succès de DIFC ; Shanghai Me fait bonne figure. La décoration du restaurant est subtile :

© ZUMA

Zuma.

Arts déco version asiatique : feutré et chic. Beaucoup d'ambiance et de monde très sophistiqué.

ZUMA
Podium Level, Gate Village 06
DIFC ✆ +971 4 425 5660
www.zumarestaurant.com
reservations@zumarestaurant.ae
Métro Emirates Towers
Ouvert de midi à 15h30 et de 19h à minuit, jusqu'à 1h les week-ends. Compter 450 AED le repas.
Zuma est au japonisme gastronomique ce que les Happy Diamonds sont au pendentif, le top du bling-bling chic. Et c'est même très bon, via le *miso* foie gras, le loup au sel tomates gingembre, le sushi *wagyu* et caviar ou la langouste beurre *shiso ponzu*. Ambiance « VIPissime » les soirs de week-end.

SHOPPING

Pour tous les amoureux d'art, le quartier financier sera votre lieu d'emplettes, par exemple si vous recherchez une belle photo de la région. Pour le reste, c'est direction Dubaï Mall et ses 1 200 boutiques.

BOUGUESSA
Building 7, 207 B
Dubai Design District
✆ +971 52 679 9878
www.bouguessa.com
customercare@bouguessa.com
A partir de 1 400 AED la robe. Ouvert de 9h à 19h. Fermé le vendredi.
Française d'origine algérienne, Faiza Bouguessa allie sans complexe l'extravagance orientale avec l'élégance occidentale. Elle a ainsi revisité l'abaya avec brio. Des stars internationales l'ont adoptée comme Beyoncé, Farida Khelfa. Un style classe, épuré dans des tons souvent monochromes comme le noir, le blanc, le taupe, le beige...

CAFE BATEEL
Dubai Mall ✆ +97143399716
www.bateel.com
cafedm@bateel.ae
Métro Dubai Mall.
Ouvert de 10h à 22h
Bateel est le leader incontesté de la datte dans tout le Golfe. Ces magasins offrent une variété et une qualité très supérieures à tout ce que vous pourrez trouver dans les supermarchés, cependant ils ne commercialisent pas celles des EAU. On peut les ramener dans des petits coffrets et le personnel très attentif pourra expliquer la différence entre maturité, texture et le niveau de sucre.

Autres adresses : Arabian Ranches • Atlantis Hotel • Burjuman Centre • Deira City Centre • Festival City Mall • JBR The Walk • Mall of the Emirates • Marina Mall • Mirdif City Centre

Cafe Bateel.

KORABA

Dans le complexe de Dubai Mall
Souk Al Bahar ✆ +971 4 435 5655
www.koraba.com
shop@koraba.com
Ouvert tous les jours de 10h à 22h et jusqu'à 23h les week-ends.
Très réputée chez les Emiriens pour ses bijoux en ambre, la marque propose aujourd'hui un large éventail de modèles élégants et raffinés, pour les grands comme les petits. L'ambre utilisé, originaire de la mer Baltique et vieux de plusieurs millions d'années, est apprécié pour ses vertus curatives et pour ses belles couleurs chatoyantes : miel clair, rouge cerise ou vert olive.

Autres adresses : Marina Mall • Souk al-Bahar

LIBRAIRIE KINOKUNIYA

Dubai Mall ✆ +971 4 434 0111
www.uae.kinokuniya.com
dubai@kinokuniya.com
Métro Burj Khalifa/The Dubai Mall
Ouvert du dimanche au mercredi de 10h à 22h, jusqu'à 23h les week-ends.
Une immense librairie claire et design dans le Dubaï Mall. Vous y trouverez de nombreux ouvrages sur toutes les thématiques, notamment de très beaux livres de photos sur Dubaï et un large rayon de livres en français ! Cette librarie est un vrai îlot de culture dans le monde aseptisé et superficiel de la consommation à outrance du Dubaï Mall. Ouf une bulle d'oxygène pour le cerveau !

WAFI GOURMET

Dubai Mall ✆ +971 4 330 8297
www.wafigourmet.com
info@wafigourmet.com
Métro Dubai Healthcare City
Ouvert de 10h à 22h tous les jours et jusqu'à 23h les week-ends.
Wafi Gourmet est une institution dans le Golfe. Tout le Liban... ou presque : épices, mezze, petites pâtisseries du Levant. Tout est délicieux, fin et de bonne qualité. On peut trouver plusieurs boutiques dans la ville, mais celui-ci est situé juste en face des fontaines.

Autres adresses : Festival Centre • The Dubai Mall

Librairie Kinokuniya.

SORTIR

So chic, les bars et clubs en ville. A faire absolument : un bar lounge panoramique au moment de l'apéro pour voir le coucher du soleil sur les tours de Dubaï. L'Atmosphère Lounge, au 122e étage du Burj Khalifa offre une vue imprenable.
On sort donc surtout à Downtown pour prendre un dernier verre perché en haut d'une tour avec vue panoramique ou au pied de l'une d'entre elles, même si, un peu à l'écart de ce quartier, vers les champs de course hippique se trouve l'une des plus belles boîtes du monde.

CAFÉS – BARS

7 SISTERS

Business Bay
JW Mariott Marquis
✆ +971 56 775 4777
www.sevensistersdubai.com
reservation@7sistersdubai.com
Ouvert tous les jours de 18h à 3h du matin. Les week-ends ouverture à partir de 15h.
C'est l'un des endroits hypes de la ville en ce moment dont le concept nous vient tout droit du Liban et qui fut établi en 2015. Résultat beaucoup d'ambiance pour ce lieu qui offre aussi des espaces à l'air libre. Une superbe adresse pour s'amuser à Dubaï et toujours plein d'une jeunesse branchée et sophistiquée.

AT.MOSPHERE

Burj Khalifa
Sheikh Mohammed bin Rashid Boulevard
Au 122e étage
✆ +971 4 888 3828
www.atmosphereburjkhalifa.com
Métro Burj Khalifa/The Dubai Mall
Café du matin : Coffee in the clouds. De 7h à 9h, consommation minimum de 100 AED. High Tea à partir de 328 AED par personne. Entrée + verre le soir, maximum 2 heures à table. Réservation possibles à 17h15, 19h30, 21h30 et 23h30, consommation minimum de 350 AED pour une table près de la fenêtre sinon 250 AED. Réservation par internet ou par téléphone.
Le Lounge réserve quelques fauteuils aux drinkeurs et aux amateurs du café servi très tôt le matin. Vous êtes dans le restaurant-bar le plus haut de la planète alors, rien que pour ça, comment ne pas aller y boire un verre et si jamais vous n'avez pas pu avoir de ticket pour monter en haut, réserver pour un café ou un verre est une alternative loin de la foule. Réservation obligatoire.

CAFE BATEEL

Dubai Mall
✆ +97143399716
www.bateel.com
cafedm@bateel.ae
Métro Dubai Mall.
Ouvert tous les jours de 10h à minuit et jusqu'à 1h les week-ends. Dessert entre 35 AED et 45 AED.
Bateel est une chaîne de points de vente de dattes et de restaurants très connue et renommée dans tous les EAU et la région. Celui-ci se trouve au cœur de Dubai Mall avec une terrasse vue sur la Burj Khalifa. A midi, en semaine, le café est plein et l'ambiance est très agréable.

Autres adresses : Arabian Ranches • Atlantis Hotel • Burjuman Centre • Deira City Centre • Festival City Mall • JBR The Walk • Mall of the Emirates • Marina Mall • Mirdif City Centre

CÉ LA VIE SKY BAR

Adress Sky View Hotel
Sheikh Mohammed bin Rashid Boulevard
54e étage
✆ +971 0 4 582 6111
www.celavi.com
reservation-dxb@celavi.com
Métro Dubai Mall.
Ouvert tous les jours de midi à 2h du matin. Consommation minimum de 250 AED par personne. Age minimum : 21 ans.

Petite sœur du bar iconique singapourien, cé la vie est devenue un lieu incontournable de la nuit dubaïote. C'est par un ascenseur panoramique que l'on accède au 54e étage. La montée est sensationnelle et déjà un avant-goût de ce qui nous attend en haut : un bar avec une vue époustouflante sur Dubaï et sur la Burj Khalifa.

L'ETO

Niveau 7 du Fashion Parking
non loin du magasin Nike.
Dubai Mall
✆ +971 4 345 2211
www.letocaffe.ae
dubaimall@letocaffe.ae
Métro Dubai Mall.
Ouvert de 10h à 23h30 et jusqu'à 00h30 du jeudi au samedi. Environ 30 AED pour un café et 40 AED pour un jus.

L'intérêt de l'Eto n'est pas uniquement basé sur la gourmandise. C'est un très bon plan pour regarder le spectacle des fontaines ! Il dispose d'une terrasse qui surplombe le lac artificiel.

Vous en profiterez à condition de consommer et d'arriver assez tôt pour trouver une place.

FAI

The Palace Hotel
Emaar Boulevard
✆ +97144287961
www.addresshotels.com
DineAtPalaceDowntown@addresshotels.com
Métro Burj Khalifa/The Dubai Mall
Ouvert de 18h à 23h30. Verre de vin et cocktail à partir de 65 AED.

Un bar chic pour un cocktail magique installé confortablement sur un sofa. Sur le lac embrasé par les jeux d'eau lumineux et musicaux, aux avant-postes du grand tumulte, Fai est posé sur un pavillon thaï qui semble flotter. On rejoint ces amarres délicieuses en traversant le parc paysager du bel hôtel face au Burj, loin des foules commerciales entassées sur l'autre rive.

FIBBER MAGEE'S

Saeed Tower One
Sheikh Zayed Road
✆ +971 4 332 2400
www.fibbersdubai.com
info@fibbersdubai.com
Métro World Trade Center
Ouvert de 8h à 3h du matin.

Ce pub authentique est bien caché derrière la Saeed Tower 1 qui se trouve sur Sheikh Zayed Road, et, une fois passée la porte, on dit au revoir aux Emirats et bonjour à l'Irlande. Le mardi, c'est la soirée quiz doublée d'une Ladies night, et le jeudi, l'ambiance festive avec musique live. Il est possible de fumer à l'intérieur.

IRIS

Près de la billetterie
Meydan Grandstand, Business Bay
✆ +971 5 69511442
www.irisdubai.com
reservations@irisdubai.com

Métro Business Bay
Ouvert du dimanche au mercredi de 19h à 2h du matin. Ouvert le jeudi de 17h à 3h, le vendredi de 13h à 3h et le samedi de 17h à 2h.
Surplombant la jungle urbaine de Business Bay et le Burj Khalifa, ce bar-restaurant en intérieur-extérieur fait partie des succès du moment en matière de soirées.
Un DJ s'occupe de divertir une clientèle belle et chic qui vient se régaler de cocktails parfaitement mixés, du coucher du soleil jusqu'à la fermeture.

LEVEL 43 ROOFTOP LOUNGE & BAR

Four Points by Sheraton Sheikh Zayed Road
Sheikh Zayed Road
✆ +971 56 525 2213
www.level43lounge.com
Métro Financial Center
ou Emirates Towers
Ouvert de 14h à 2h30 du matin. Tous les jours entre 18h et 20h, Happy hour. Cocktail à partir de 70 AED.
Comme suspendu au-dessus de la très empruntée Sheikh Zayed Road, ce bar terrasse culminant au 43e étage de Four Points by Sheraton offre à ses clients des vues à 360° sur la ville (avis aux photographes : il faut un accord préalable pour pouvoir utiliser un pied.) Sans chichis, cette adresse est un endroit calme où venir boire un verre.

LA MEZCALERIA

Business Bay
The Oberoi
27e étage
✆ +971 5 04234044
www.lamezcaleriadxb.com
reservations@lamezcaleriadxb.com
Ouvert de 18h à 2h du matin.
Mieux vaut réserver pour s'assurer une place sur la Terrace. DJ, bonne musique, très belle vue sur Downtown et la Burj Khalifa. Alors fumer une Shisha tout en dégustant un de leurs fameux cocktails comme le Tamarindo Shrub est un ravissement. Comme dans tous les endroits branchés de la ville, la sophistication dans la tenue est de mise.

UN ETAT RELIGIEUX TOLÉRANT

Si l'islam dicte le quotidien, Dubaï fait toutefois preuve d'une réelle ouverture et tolérance, surtout en comparaison des pays (ou même des émirats) voisins (Sharjah, à titre d'exemple, est beaucoup plus conservateur). Les femmes émiraties travaillent, conduisent, et sortent seules et sans escorte. L'alcool est toléré dans les hôtels, les restaurants de DIFC et les clubs privés. Les étrangers peuvent porter tout type de vêtements. Les autres cultes sont acceptés et respectés, et plusieurs bâtiments religieux autres que des mosquées se dressent d'ailleurs dans plusieurs quartiers du centre. Oud Metha ne compte ainsi pas moins de 5 églises (évangélique, orthodoxe, chrétienne...), Al-Wasl a une église et Jebel Ali consacre un espace à plusieurs congrégations protestantes et chrétiennes. Bur Dubai accueille aussi un grand temple indien et Dubaï accueille aussi une synagogue.

NEOS

The Address Downtown Hotel
Emaar Boulevard
✆ +971 4 4368888
www.addresshotels.com
DineAtDowntown@addresshotels.com
Ouvert de 17h à 2h30 du matin. Fermé le dimanche. Cocktail à partir de 60 AED. Age minimum : 21 ans.
Au 63e étage de l'hôtel The Address Downtown, ce bar cockpit à cocktails flirte avec le vertige. Mais cela vaut le coup car la vue panoramique est tout simplement sublime ! On aime la montée qui nous force à un changement d'ascenseur pour la dernière marche, et soudain nous projette devant le spectacle du Burj et de ses vassaux.

SHAKESPEARE AND CO

Souk al Bahar, 3e étage
✆ +971 4 425 7971
www.shakespeare-and-co.com
admin@shakespeareandco.com
Métro Burj Khalifa/The dubai Mall
Ouvert de 7h à 1h. Environ 30 AED le jus et 13 AED la boule de glace.
Située dans le souk al Bahar, voici une bonne adresse pour prendre une boule de glace maison, une crêpe à petit prix, en terrasse, face au spectacle des fontaines. Vous pouvez aussi fumer une bonne shisha. Que demander de plus ? Une table bien en face du spectacle, mais pour cela, il faudra arriver tôt ! *To be futé or not to be.*

VAULT

72e étage, Hotel Marriott Marquis
Business Bay
✆ +971 4 414 3000
www.jwmarriottmarquisdubailife.com
Métro Business Bay
Ouvert tous les jours de 17h à 2h du samedi au mercredi et jusqu'à 3h les jeudis et vendredis. Le vendredi le bar est ouvert à partir de 16h. Âge minimum 21 ans. Cocktails à partir de 70 AED.
Rendez-vous aux 71e et 72e étages de l'hôtel Marquis pour une adresse futée si vous n'avez pas pu monter en haut de la Burj Khalifa. Vue sur le canal, sur toutes les tours de Downtown et Business Bay et en cas de temps clair

jusqu'à la Palm. Mieux vaut y aller en semaine du samedi au mercredi pour y trouver moins de monde.

CLUBS ET DISCOTHÈQUES

1 OAK

Business Bay
JW Marriott Marquis
✆ +971 52 881 8888
www.1oak-dubai.com
reservations@1oakdubai.com
Ouvert de 21h à 3h du matin. Fermé les mercredis. Environ 65 AED le cocktail.
1 OAK, traduisez : Unique en son genre. L'intérieur est ultra design : Formes géométriques du sol au plafond, citations de Darwin au mur et œuvres de l'artiste israélien Roy Nachum. Musique RnB, hip-hop.

BASE

Dubai Design District
✆ +971 55 313 4999
www.basedubai.com
bookings@basedubai.com
Ouvert les jeudis, vendredis et samedis de 22h à 4h du matin.
Base est une des seules discothèques complètement à ciel ouvert. Le jeu de lumière et de pyrotechnique est bluffant tout comme l'aménagement du lieu. Le bar et les tables sont placés en contrebas de la scène qui est surélevée. L'ambiance est électrique comme dans un concert !

BILLIONAIRE MANSION

Business Bay
Burj Khalifa Street
Taj hotel
✆ +971 4 510 3100
www.billionairesociety.com
dubai@billionairedubai.com
De 21h à 3h. Fermé lundi.
Est-ce que le lieu est un repaire de milliardaires ? Peut-être pas, mais de millionnaires sans doute et de quelques célébrités sans aucun doute. C'est surtout un lieu à multiples facettes : On passe du dîner-cabaret à la piste de danse et pourquoi pas au salon de shisha pour faire une pause.

SOHO GARDEN

Meydan Grand Stand
✆ +971 52 3888849
www.sohogardendxb.com
info@sohogardendxb.com
Ouvert du mardi au samedi de 20h à 3h du matin. Cocktail à partir de 65 AED. Le vendredi ouvert à partir de 15h.
Si vous arrivez au moment du coucher du soleil, rendez-vous au Negroni. Pour les gins c'est vers Glasshouse que vous devriez vous tourner. A Bellini, on déguste des cocktails avec une touche italienne, et pour l'ambiance exotique c'est direction Tahiti au Tiki bar pour aller jusqu'au bout de la nuit.

WHITE

Meydan Racecourse Grandstand
Rooftop
Quartier Meydan
✆ +971 50 443 0933
www.whitedubai.com
info@whitedubai.com
Ouvert du jeudi au samedi de 20h à 3h du matin et le vendredi de 13h à 3h.
Elu meilleur club de la ville deux années consécutives (2015 et 2016) par Time Out Dubaï, le White est le tout premier club de Dubaï en plein air. L'endroit est immense, des écrans géants ornent un côté entier, des danseuses se déhanchent sur le bar central et la vue est si splendide qu'elle semble irréelle. Une foule chic s'y presse tous les soirs pour faire la fête sous les étoiles.

Opéra de Dubaï.

© EMMANUELLE JOURDEUIL

SPECTACLES

OPÉRA DE DUBAÏ

Sheikh Mohammed bin Rashid
Boulevard
Downtown
✆ +971 4 440 8888
www.dubaiopera.com
boxoffice@dubaiopera.com
Métro Dubai Mall.
Prix variables en fonction du spectacle. Généralement autour de 250 AED pour les premiers tickets de musique classique et 350 AED pour l'opéra. Music in the Studio : petite salle intimiste, concert mensuel de musique de chambre, environ 150 AED par personne.
C'est une série d'opéras qui ouvre la saison à Dubai Opera fin août, suivie de concerts de musique classique, ballets, comédies musicales, etc. La programmation est diverse et reflète le multiculturalisme du pays. L'acoustique exceptionnelle et la taille moyenne de cet Opéra sont deux atouts qui assurent à chacun audition et panorama dans de parfaites conditions.

LA PERLE BY DRAGONE

Al Habtoor City
Sheikh Zayed Road
✆ +971 4 437 0001
www.laperle.com
boxoffice@laperle.com
A côté du canal, sortie 47
sur la Sheikh Zayed Road.
A partir de 309 AED pour la catégorie bronze. 359 AED pour la catégorie argent, 409 AED pour l'or. La place Platinum à 509 AED inclut : valet parking ou un service UBER aller-retour à Dubaï. La place VIP à 899 AED inclut : valet parking ou service UBER aller-retour sur Dubaï, et l'accès au salon VIP avec rafraîchissements et canapés.
Dans la veine des énormes orchestrations de Las Vegas, La Perle est le premier grand spectacle permanent de Dubaï, un SHOW en lettres majuscules doté des attributs des productions les plus XXL du moment : jeux de projections à l'échelle de la salle entière, décors sophistiqués, effets visuels décuplés par l'omniprésence d'eau au centre de la scène (grand bassin circulaire), et même de tout le plateau que viennent régulièrement remplir grosses pluies et cascades géantes !

La perle by Dragone.

Motorsport

BARSHA ET AL QUOZ

Le quartier atypique d'Al Quoz.

© GLEN BEILIN – SHUTTERSTOCK.COM

IMMANQUABLE DANS CE QUARTIER

- Découvrir le dynamisme de l'art contemporain à Alserkal Avenue.
- Arpenter la Galerie nationale pour mieux appréhender l'art dubaïote.
- Visiter la Camel Soap Factory.
- Comprendre l'importance de la fauconnerie au Falcon Heritage & Sports Center.
- Déjeuner face à la piste de ski au Mall of the Emirates.

BARSHA ET AL QHOZ

Barsha et Al Qhoz s'étendent du côté ouest de la Sheikh Zayed Road avec d'un côté le quartier industriel, et de l'autre un large quartier résidentiel en devenir. Moins fréquenté par les touristes de passage, c'est un quartier à découvrir avec ses restaurants ethniques et ses hôtels modernes, mais accessibles à toutes les bourses. La vaste zone industrielle d'Al Qhoz est composée principalement d'entrepôts métalliques d'où est brandie l'enseigne de peinture Jotun, de cimenterie et d'usines de fabrication, de concessionnaires et de garagistes, zone sans trottoir et zone dortoir qui ne paraît pas très touristique à première vue. Pourtant Al Qhoz recèle de nombreux trésors cachés, tels que des galeries d'art contemporain, des cafés branchés et des boutiques aménagées dans d'anciens entrepôts. Cette zone industrielle est en plein boum et se métamorphose à toute vitesse !
En progressant sur l'axe principal, on aperçoit sur la gauche le fameux Mall of the Emirates avec son enseigne Carrefour et surtout sa piste de ski indoor enserrée dans un immense tube métallique aplati aisément repérable.

VISITER

Voici LE quartier insolite de Dubaï ! C'est ici que l'on trouvera le quartier tendance, celui aussi qui est le moins fréquenté par les touristes. Amoureux d'art contemporain, de lieux inédits, ce quartier va vous plaire autant que nous l'aimons.

1X1 ART GALLERY ★

Entrepôt 10, Alserkal Avenue
Al Quoz 1
✆ +917 4 341 1287
www.1x1artgallery.com
info@1x1artgallery.com
Ouvert de 10h à 19h. Fermé le vendredi.
Principale galerie dubaïote spécialisée dans l'art contemporain indien dont elle présente le meilleur, on peut trouver dans cette grande galerie fondée par l'influente Malini Gulrajani des œuvres d'artistes acclamés tels que Vivek Vilasini, Bose Krishnamachari, N. N. Rimzon, Chittrovanu Mazumdar et Poona Jaïn.

ART JAMEEL PROJECT SPACE

Entrepôt 48, Alserkal Avenue
✆ +971 4 873 9811
www.artjameel.org
hello@artjameel.org
Ouvert lundi, mardi, mercredi, jeudi et samedi de 10h à 18h, fermé le vendredi et sur rendez-vous le dimanche.
L'espace expose les collections qui seront présentées dans le musée : les œuvres de Maha Maamoun, Hazem El Mestikawy, Basel Abbas et Ruanne Abou-Rahme. Il reçoit aussi des projets d'artistes, en collaboration avec la célèbre école d'art, la Delfina Foundation de Londres.

Mall of the Emirates.

CARBON 12

Entrepôt 37
Alserkal Avenue
Al Quoz 1
✆ +971 4 340 6016
www.carbon12.art
info@carbon12dubai.com
Ouvert tous les jours de 11h30 à 19h. Fermé le vendredi.
Ouverte à Alserkal en 2008, cette grande galerie, en plus de soutenir des artistes régionaux, introduit des artistes européens à Dubaï, Michael Sailstorfer, Gil Heitor Cortesao...

ELMARSA

Entrepôt 23
Alserkal Avenue
Al Quoz 1
✆ +971 4 341 5806
www.galerielmarsa.com
info@galerielmarsa.com
Ouvert du lundi au jeudi 10h-19h, fermé le vendredi, samedi 10h-18h.
Galerie d'origine tunisienne qui représente des artistes d'Afrique du Nord au rez-de-chaussée et à l'étage. Une collection de tableaux orientalistes dans leur réserve.

EL SEED STUDIO

Entrepôt 75
Alserkal Avenue
Al Quoz 1
www.elseed-art.com
info@elseed-art.com
Visite sur rendez-vous.
En entrant dans l'atelier de l'artiste franco-tunisien, ce sont des poèmes calligraphiés de toutes les couleurs sur des toiles, des sculptures, des coussins, des fauteuils qui fascinent ! Artiste urbain de renommée internationale, El Seed est très apprécié aux Emirats.

GALERIE CUSTOT DUBAI ★

Entrepôt 84
Alserkal Avenue
Al Quoz 1
✆ +971 4 346 8148
www.custotgallerydubai.ae
info@custot.ae
Ouvert de 10h à 19h. Fermé le vendredi.

Carbon 12.

Custot Gallery Dubaï.

La galerie Custot a pour vocation de promouvoir et de soutenir des figures majeures de l'art moderne et contemporain et de permettre à ses artistes une liberté d'expression totale dans son vaste espace à travers des scénographies et des créations monumentales des plus innovantes.

GALERIE ISABELLE VAN DEN EYNDE ★

Entrepôt 17
Alserkal Avenue
Al Quoz 1
✆ +971 4 323 5052
www.ivde.net
info@ivde.net
Ouvert de 10h à 18h. Fermé le vendredi.
La galerie Isabelle Van Den Eynde découvre et soutient l'expression visuelle de jeunes artistes contemporains, conceptuels et prometteurs du Moyen-Orient. Elle est devenue l'un des espaces artistiques et culturels avant-gardistes de Dubaï et a développé une solide réputation pour la qualité des talents innovants qu'elle propose.

GREEN ART GALLERY

Entrepôt 28
Alserkal Avenue
Al Quoz 1
✆ +971 4 346 9305
www.gagallery.com
info@gagallery.com
Ouvert tous les jours de 10h à 19h, fermé le vendredi.
Cette galerie propose périodiquement des créations d'artistes contemporains des émirats, des pays voisins ou plus lointains. Il est à noter que la Green Art Gallery s'est associée aux projets de décoration de certains grands hôtels, comme le Shangri-La ou le Sheraton à Dubaï.

GREY NOISE ★

Entrepôt 24
Alserkal Avenue
Al Quoz 1
✆ +971 4 379 0764
www.greynoise.org
info@greynoise.org
Ouvert de 11h a 19h. Fermé le vendredi et le dimanche.

Lancée à Lahore en 2008, cette galerie contemporaine qui met l'accent sur l'art expérimental, conceptuel et minimaliste de l'Asie du Sud, du Moyen-Orient et de l'Europe s'est relocalisée avec succès à Dubaï en 2012 et y est devenue un espace avant-gardiste essentiel.

LAWRIE SHABIBI

Entrepôt 21, Alserkal Avenue
Al Quoz 1
✆ +971 4 346 9906
www.lawrieshabibi.com
info@lawrieshabibi.com
Ouvert tous les jours de 10h à 18h. Fermé le vendredi.

Cette galerie a ouvert ses portes en 2011. Galerie présentant notamment des artistes confirmés et émergents africains (Zak Ove et Serge Attukwei Clottey), du Moyen-Orient, mais aussi depuis peu du Royaume-Uni.

LEILA HELLER GALLERY

Entrepôt 87
Alserkal Avenue
Al Quoz 1
✆ +971 4 321 6942
www.leilahellergallery.com
dubai@leilahellergallery.com
Ouvert tous les jours de 10h à 19h, fermé le vendredi.

ALSERKAL AVENUE

Inspiré par des endroits tels que Shoreditch à Londres et le Meatpacking District à New York, l'homme d'affaires, collectionneur et mécène Abdelmonem bin Eisa Alserkal a eu l'idée de transformer des entrepôts vacants en galeries d'art. Lancée en 2007 dans la zone industrielle d'al-Qhoz, à l'ouest de la ville, Alserkal Avenue est rapidement devenue l'épicentre de la vie artistique aux Emirats et un véritable réservoir de talents innovants découverts par de jeunes galeries avant-gardistes.

Les entrepôts, qui se trouvent dans une ancienne usine de marbre, ont été convertis en des espaces artistiques immaculés au design ultramoderne. L'Avenue a récemment doublé en taille et l'on peut y trouver aujourd'hui près de trente galeries présentant le meilleur de l'art contemporain de la région et d'ailleurs, des ateliers d'artistes et de designers, des cafés et des restaurants branchés, un cinéma indépendant (Cinema Akil) et un bâtiment capable de recevoir n'importe quel type d'exposition grâce à ses murs amovibles, Concrete, qui signifie béton, pensé par Reem Koolhaas.

Cette plateforme artistique dynamique encourage l'échange, la collaboration et le partage et y sont organisés de nombreux événements et ateliers (autour du yoga, des marchés de la gastronomie...).

Dubaï, carrefour de l'Orient et de l'Occident, est en passe de devenir un hub culturel et artistique majeur.

A visiter avant 17h car toutes les galeries ferment à 18h. Fermé le vendredi.

Meem Gallery.

Avec un espace pour présenter des œuvres de grandes dimensions, c'est la galerie la plus spacieuse des Emirats : un petit temple par Sudarsan Shetty a été reconstitué (*A Song, A Story. A Public Space*, 2017) et l'œuvre de Jacob Hashimoto, *The Eclipse*, a attiré un public nombreux (2017).

MEEM GALLERY

Al Quoz
Umm Suqeim Street
✆ +971 4 347 7883
www.meemartgallery.com
info@meemartgallery.com
Ouvert de 10h à 18h. Fermé le vendredi.
Bien avant Alserkal Avenue, Meem Gallery est la première galerie d'art moderne et contemporain arabe, iranien et d'Afrique du Nord installée à Al Qhoz en 2005 par le collectionneur et connaisseur de Sharjah, Sultan Sooud Al-Qassemi, l'homme d'affaires Mishal Hamed Kanoo et le collectionneur et historien d'art britannique Charles Pocock.

TASHKEEL

Nal Al Sheba 1 ✆ +971 4 336 3313
www.tashkeel.org
tashkeel@tashkeel.org
Ouvert de 10h à 22h. Fermé le vendredi. Entrée libre.
Ateliers et résidences d'artistes, Tashkeel dont le nom signifie en Arabe « les beaux-arts » fondé en 2008 par l'artiste et nièce de Sheikh Mohammed bin Rashid Al Maktoum, Lateefa Bint Maktoum, veut promouvoir l'art contemporain et le design aux Emirats. De grands artistes émiriens sont passés par ce lieu d'inspiration. Le musée est niché dans un quartier émirien à la périphérie de Dubaï.

THE CAMEL SOAP FACTORY

Al Qhoz Industrial Area 4
Warehouse 14, Street 29
✆ +971 4 393 1312
www.thecamelsoapfactory.com
info@thecamelsoapfactory.com
Ouvert tous les jours de 8h à 17h. Fermé le vendredi et samedi.

Après la visite, vous pourrez repartir avec un de ces savons faits main à différentes senteurs. Parfaites idées de cadeau, les « Grit », savons exfoliants au lait de chamelle et à la poudre de café, le baume à lèvres et les savons pour la délicate peau des bébés sont autant de merveilles que vous ne trouverez pas dans les autres commerces de la ville.

THE THIRD LINE ★

Entrepôt 78-80
Alserkal Avenue, Al Quoz 1
✆ +917 4 341 1367
www.thethirdline.com
art@thethirdline.com
Ouvert de 10h a 19h. Fermé le vendredi.
Première galerie de Dubaï à s'être spécialisée dans l'art contemporain du Moyen-Orient dont elle développe le profil autant au niveau local et régional qu'au niveau international, exposant régulièrement dans des grandes foires d'art contemporain telles que Art Basel et la FIAC, The Third Line joue un rôle important dans la régénération de la scène artistique locale pour laquelle elle offre une plateforme formidable.

SE RESTAURER

Les restaurants d'Al Qhoz ne sont pas faciles à trouver mais une fois dégotés, ils vous transportent dans des lieux chaleureux et rassurants, hors des décombres de la zone industrielle. Quant aux restaurants d'Al Barsha, ils sont à peu près tous réunis autour du Mall of the Emirates et offrent de nombreux choix de cuisine régionale, telle des cantines yéménites, afghanes, indiennes, etc. Il suffit juste de passer la porte pour s'imprégner des épices d'un nouveau pays !

BIEN ET PAS CHER

AL-ROMANSIAH

Barsha 1
17a Street
✆ +971 4 399 4646
Métro Sharaf DG
Ouvert tous les jours de 12h à minuit. Compter 70 AED par repas.
Dans ce restaurant yéménite, vous êtes accueillis comme un hôte de luxe. Choisissez votre table dans la grande salle principale ou installez-vous par terre dans l'une des petites salles privées.
Le plus populaire est le poulet Mandy avec en dessert un Ma Soob, des bananes écrasées à la crème avec du pain et du précieux et réputé miel du Yémen.

CAFE RIDER

Al Quoz industrial area 3
Umm Suqeim Road
Warehouse 7, 14B Street
✆ +971 4 321 4411
www.caferider.com
info@caferider.com
Ouvert de 8h à 20h et jusqu'à 23h le vendredi et jusqu'à 22h le samedi. Compter entre 25 et 40 AED pour un plat et 20 AED pour un café.
Des motos de collection, des pantalons et des vestes de motards, des bandanas et des casques vintage vous accueillent dans ce café, véritable repère de barbouzes et de jeunes Emiriens.

ORGANIC FOODS & CAFE

Sheikh Zayed Road
✆ +971 4 338 2911
www.organicfoodsandcafe.com
A côté de l'Oasis Center.
Métro Noor Bank

Ouvert tous les jours de 7h45 à 20h15. Compter 90 AED un repas.
Le repas a lieu dans un décor simple et chaleureux tendance champêtre pour savourer de bons petits déjeuners, des salades, des plats 100 % bio. Formule buffet rapide et sympa : tarif à la pesée parmi un choix d'une vingtaine de mets à base de produits naturels et non traités.

TOM & SERG
Al-Joud Center, 15A Street
Quartier d'Al-Quoz Industrial 1
✆ +971 56 474 6812
www.tomandserg.com
hello@tomandserg.com
Au niveau de Ace Hardware sur Sheikh Zayed Road.
Ouvert de 8h à 16h du dimanche au jeudi et de 8h à 18h les vendredi et samedi. Compter 100 AED pour un repas.
Tom & Serg, c'est la rencontre de Tom, un chef australien, et de Serg, un businessman de Madrid. Deux ans et demi plus tard, ils ouvrent ce café dans le quartier industriel d'Al-Quoz, souhaitant que leur (très bon) café et leur nourriture de qualité soit accessible à tous. De bons produits donc, à un prix tout à fait abordable, dans ce grand espace au sol en béton ciré qui n'est pas sans rappeler les lofts de Brooklyn.

WILD & THE MOON
Alserkal Avenue Al Quoz Industrial Area 1
Entrepôt H77
✆ +971 4 343 3392
www.wildandthemoon.ae
contactdxb@wildandthemoon.com
Ouvert tous les jours de 9h à 20h. Compter 60 AED par personne.
Les Parisiens connaissent son logo et son style de vie. Fondée par la Parisienne Emmanuelle et son mari Hervé, tout est cuisiné *home-made*, bio, sans gaspillage, sans gluten, sans soja, sans lactose, sans sucre ajouté, ni additif ou produit chimique. Tout est bon pour la santé et bon pour la terre. La déco est tendance bio-design.
Autres adresses : Festival City • ouverture en 2018 au DIFC

BONNES TABLES

A4 SPACE & MOBY JAPANESE EATERY ★★
Entrepot 4
Alserkal Avenue
Al-Quoz 1
✆ + 971 4 333 3464
www.alserkal.online
Ouvert de 9h à 19h. Fermé le vendredi.
Pour une simple pause café entre deux visites des galeries, Moby Japanese propose des sushis végans, des pâtisseries, des boissons chaudes et des jus frais à une clientèle presque exclusivement composée d'artistes, d'écrivains et de patrons de galerie d'art. On y trouve aussi une bibliothèque partagée et ici et là des Bean Bags invitent le lecteur.

CARINE
Emirates Golf Club
✆ +971 4 417 9885
www.dubaigolf.com
reservations@carine.ae
Métro Nakheel.
Ouvert tous les jours de midi à 15h pour le déjeuner et de 19h à 22h30 pour le dîner et jusqu'à 23h30 le week-end. Ouvert pour le petit déjeuner les vendredis et samedis de 9h à 13h.

Tout est délicieux, en particulier les tartares et les tartes. Loin du bruit de la ville tout en profitant de la vue, c'est un lieu idéal pour faire une pause. Très prisé le week-end et le soir par les expatriés qui recherchent à se relaxer dans cet écrin vert, installés sur la terrasse avec vue sur le golf.

NINETEEN

The Address Montgomerie
Emirates Hills
✆ +971 4 363 1275
www.theaddress.com
DineAtMontgomerie@addressho-tels.com

Ouvert pour le dîner de 18h30 à 22h30. Brunch les vendredis et samedis de 12h30 à 15h30. Compter environ 250 AED le repas.

Face à un superbe golf, dans les murs de cet hôtel hautement séduisant, vous profiterez à l'étage d'une salle contemporaine, ou mieux encore, de la terrasse ouverte sur la prairie manucurée, pour quelques huîtres fraîches et des assiettes de la rôtisserie. Importante clientèle bien mise le week-end, mais l'endroit est plus calme en semaine. Un éden vert et reposant, à 10 minutes de Zayed Road.

SALERO TAPAS & BODEGA

Mall of the Emirates
West End 1er étage – Kempinski
✆ +971 4 409 5888
www.kempinski.com
dining.moe@kempinski.com
Métro Mall of the Emirates

Ouvert tous les jours de midi à 1h, mais dernière commande à 22h pour les tapas et la paella. Le vendredi de 13h à 1h, la cuisine ferme aussi à 22h. Compter 68 AED les tapas et autour de 200 AED une paella. Flamenco 3 fois par semaine : Regarder sur le site web pour les jours car ils varient selon les mois.

Véritable ambiance espagnole : tapas, paella et DJ créent une atmosphère chaleureuse et inoubliable, parfaite pour un dîner cosy et/ou entre amis.

SALMONTINI

Mall of The Emirates
The West End
✆ +971 4 341 0222
www.salmontini.com
info@salmontini.com
Métro Mall of the Emirates.

Ouvert de midi à 23h30. Compter 200 AED.

Salmontini est un restaurant spécialisé dans le saumon fumé « maison ». Mais on peut également commander des sushis. Jo vous propose aussi de goûter à l'entrecôte « Saint-Germain des Prés de Paris » avec sa sauce secrète. Enfin, le restaurant vous offre une vue unique sur la piste de Ski Dubaï. De quoi régaler vos yeux en même temps que vos papilles. Un classique du quartier.

SHOPPING

En dehors du deuxième mall le plus grand de Dubaï, ce quartier offre quelques adresses intéressantes en dehors des grandes enseignes.

COURTYARD

Al Qhoz industrial area 1
street 4B
The Courtyard
✆ +971 4 3475050
www.courtyard-uae.com
totalart@eim.ae

Ouvert tous les jours de 8h à 19h.
The Courtyard est une galerie « marchande » en plein quartier industriel de Dubaï, nichée entre les entrepôts. Grâce à son petit théâtre de 70 personnes, son café et son atmosphère toute particulière grâce aux fontaines et aux plantes installées le long de la galerie extérieure, il est devenu un repère pour les artistes de la ville. Les façades s'inspirent de celles d'Egypte, de France ou même du Dubaï d'autrefois revisitées par son fondateur. Le tout est harmonieux et l'endroit dégage une ambiance de sérénité qui semble loin de l'excitation de Dubaï.

GOLD AND DIAMOND PARK

Sheikh Zayed Road
✆ +971 4 362 7777
www.goldanddiamondpark.com
gdp@emaar.ae
Métro First Abu Dhabi Bank
Ouvert du samedi au jeudi de 10h à 22h, le vendredi de 16h à 22h.
Un centre commercial de 90 boutiques consacrées uniquement à l'or, aux diamants et aux bijoux (perles). Le décor oriental est agréable.

MALL OF THE EMIRATES

Sheikh Zayed Road
✆ +971 4 409 9000
www.malloftheemirates.com
info.moe@maf.ae
Arrêt Big Bus et Métro M.O.E
Ouvert de 10h à 22h. Attention les horaires peuvent varier pendant les périodes de fêtes et surtout pendant le Ramadan.
Alignant plus de 500 boutiques, il comporte, au 1er étage, la section The Arabian Souk, sous des plafonds qui rappellent discrètement les vieux marchés. Alignant désormais plus de 700 boutiques, c'est l'un des 3 meilleurs malls de la ville. A ne pas manquer donc !

MIRZAM

4e rue derrière le showroom de Audi
Al Quoz 4
✆ +971 4 333 5888
www.mirzam.com
Environ 26 AED le chocolat chaud. Aux alentours de 35 AED la plaque de chocolat. Ouvert de 8h à 23h tous les jours.
Chocolatier 100 % émirati. Dès la porte franchie, ce sont des effluves de chocolat provenant de la fabrique située derrière de grandes baies vitrées qui viennent nous chatouiller les narines. Les déclinaisons de leurs variétés sont directement inspirées de l'histoire des émirats, de la route des épices et de ces marins qui se repéraient grâce au ciel. Mirzam, dont le nom désigne une étoile, propose donc des saveurs inédites : safran, anis étoilé, rose de Damas, fenouil et tant d'autres.

TOTAL ARTS

The Courtyard
Sheikh Zayed, Street 4b
Al Quoz 1
✆ +971 4 347 5050
www.courtyard-uae.com
totalart@eim.ae
Ouvert du samedi au jeudi de 8h à 19h.
Niché au sein du Courtyard, la galerie Total Arts propose, sur deux niveaux, des peintures et de l'artisanat des pays voisins. La cour elle-même est surprenante, avec ses boutiques et ses échoppes très hétéroclites.

SORTIR

CAFÉS – BARS

APRÈS

Mall of the Emirates
West End 1er étage
✆ +971 4 341 2575
www.emiratesleisureretail.com
apres@elr.ae
Métro M.O.E.
Ouvert tous les jours de 10h à 1h du matin, et jusqu'à 2h du matin du jeudi au samedi. Environ 23 AED le café.
Toutes les baies vitrées de ce bar décoré comme un chalet de montagne donnent sur la piste de ski du Mall of the Emirates. Cocktails corrects et menu varié pour ceux qui souhaiteraient se restaurer, où même la traditionnelle soupe à l'oignon montagnarde figure.

ASPEN CAFE BY KEMPINSKI

Kempinski Hotel
Mall of the Emirates
✆ +971 4 409 5999
www.kempinski.com
dining.moe@kempinski.com
Métro Mall of the Emirates.
Le thé est servi tous les jours entre 15h et 18h. 175 AED par personne et 295 AED pour deux.
Entre deux magasins, pourquoi ne pas faire une pause bien méritée au lobby du Kempinski pour recharger les batteries. Entre les mini sandwiches, les scones et toutes les pâtisseries (tout est délicieux), vous aurez largement remplacé le déjeuner que vous aurez oublié de prendre.

SPECTACLES

CINEMA AKIL

Entrepôt 68
Alserkal Avenue
Al Quoz 1
www.cinemaakil.com
info@cinemaakil.com
Cinémathèque. En général 2 projections dans la soirée. Programme disponible sur internet. Environ 50 AED par place.
C'était jusqu'en décembre 2021 le seul cinéma sans censure des Emirats ! Installé dans les entrepôts d'Alserkal, la salle est feutrée, quelques sofas, d'anciens fauteuils de cinéma pour une ambiance vraiment décalée. Parfois la programmation met à l'honneur un pays, un metteur en scène ou un thème. C'est délicieusement décalé quand on est à Dubaï et c'est si agréable de ne plus trop savoir où l'on se trouve quand on en sort.

LA CENSURE C'EST FINI !

Depuis le 19 décembre 2021, les films ne sont plus censurés aux Emirats arabes unis. En revanche, une nouvelle catégorie pour les +21 ans a été créée dans laquelle figureront les films qui auraient été coupés avant la nouvelle loi ! Auparavant, la seule façon de voir un film sans censure était de se rendre à Cinéma Akil situé dans l'enceinte d'Alserkal dans le quartier d'Al Quoz.

ORGANISER SON SÉJOUR

© MOHAMED ALWERDANY – SHUTTERSTOCK.COM

Vue sur la Marina de Dubaï.

PENSE FUTÉ

ARGENT

La monnaie officielle est le dirham des Emirats arabes unis (abréviation AED), divisé en 100 fils. Il existe des pièces de 5 fils, 10 fils, 25 fils, 50 fils et 1 AED, et des billets de 5, 10, 20, 50, 100, 200, 500 et 1 000 AED.

- **Taux de change** (janvier 2022) : 1 € = 4,15 AED ; 10 AED = 2,41 €. Le cours de l'AED par rapport à l'euro n'étant pas fixé, il convient de vérifier les taux de conversion en cours au moment du voyage.

CLIMAT

Le climat est de type subtropical aride. L'hiver est doux et ensoleillé (de 10 °C à 30 °C) avec parfois des tempêtes de sable et des nuits froides. Les mois les plus froids sont décembre, janvier et février. Possibilité de pluies éparses et irrégulières. Soirées parfois fraîches, surtout dans le désert et les montagnes, où le mercure peut chuter à 10 °C. L'été est chaud et humide, et la température torride : jusqu'à 48 °C.

DÉCALAGE HORAIRE

3 heures de plus par rapport à la France pendant l'hiver européen (quand il est midi à Paris, il est 15h à Dubaï) et 2 heures de plus en été (quand il est midi à Paris, il est 14h à Dubaï).

FORMALITÉ

Les ressortissants français obtiennent gratuitement, à leur arrivée à l'aéroport de Dubaï, un tampon mentionnant un séjour autorisé de 90 jours au maximum qui peut se faire en une ou plusieurs fois sur une durée de 180 jours. Les ressortissants canadiens et monégasques quant à

UNE RÉVOLUTION DEPUIS LE 1ER JANVIER 2022

Annoncé au moment de la fête nationale des Emirats en décembre 2021, l'annonce a pris tout le monde de court. A la veille des vacances scolaires et sans aucun préavis, le pays a décidé de raccourcir la semaine Laboral à 4 jours et demi et d'aligner le week-end selon le modèle occidental. Comprenez qu'à partir du 1er janvier 2022, le week-end commence le vendredi à midi et va jusqu'au dimanche soir. Sont concernés tous les établissements publics, les écoles et les autorités ont encouragé le privé à faire de même. La grande prière du vendredi a par conséquent été repoussée à 13h30.

Dubaï City.

eux, obtiennent un tampon pour un séjour autorisé de 30 jours maximum. Nos lecteurs venus du Maghreb ou d'Afrique devront demander un visa en amont, sous réserve d'une invitation, d'une réservation hôtelière et d'une assurance médicale couvrant le séjour.

INTERNET

EIM (Emirates Internet and Multimedia) est le principal fournisseur des services Internet de tous les émirats, de même que le censeur des sites inconvenants (mêmes types d'interdits que pour la presse écrite). Sous sa gouverne, les sujets un peu sensibles, ayant trait aux affaires culturelles, religieuses, politiques et morales, peuvent se trouver momentanément interdits d'accès (sites bloqués). Sinon, services, technologies et infrastructures sont au niveau de leurs homologues européens. Dans les hôtels, bars, cafés et restaurants, le wifi est généralement gratuit.

LANGUES PARLÉES

La langue officielle est, bien sûr, l'arabe, concurrencée par l'anglais qui est la langue des affaires. La grande majorité des services (retrait d'argent, informations diverses) est proposée dans ces deux langues. Il en est de même pour les panneaux indicatifs.

SÉCURITÉ

Peu de problèmes de délinquance à Dubaï, où les délits sont réprimés sévèrement. On peut déambuler seul en toute sécurité dans le centre-ville, y compris le soir. Le pays vient d'être élu comme le plus sûr au monde pour marcher seul la nuit. C'est d'ailleurs l'un des attraits majeurs de la destination, aussi bien pour les touristes que les expatriés. L'atmosphère générale est ici plutôt sereine, et s'accompagne d'une sensation de bien-être (à condition, bien sûr, de respecter la religion et les coutumes locales).

On évitera cependant d'exhiber porte-monnaie ou appareils photo dans les souks, où peuvent sévir quelques rares pickpockets. Et, comme partout ailleurs, on pensera à conserver ses documents et biens importants (passeports, visas, bijoux...) dans les coffres des hôtels prévus à cet effet. Seul danger véritable : la mauvaise conduite routière. Au volant, restez toujours d'une vigilance extrême et sachez qu'on peut aussi bien vous doubler par la gauche que par la droite, piler devant votre nez ou se rabattre n'importe comment à l'improviste !

TÉLÉPHONE

Pour appeler les Emirats de France : composer le code d'accès à l'international 00 + le préfixe du pays 971 + le code régional de l'émirat (4 pour Dubai) + les 7 chiffres du numéro local (exemple : 00 971 2 1234567).

Pour téléphoner à l'étranger depuis les Emirats : faire le code de l'international 00 + le préfixe du pays (par exemple 33 pour la France) + le code régional + le numéro du correspondant.

Pour les appels locaux : pour appeler Dubaï à partir d'un autre émirat, composer le code régional de Dubai 04, suivi des 7 chiffres du numéro local.

A l'intérieur d'un émirat, se contenter des 7 chiffres du numéro local (sans préfixe régional) quand on appelle de fixe à fixe. Attention ! Si l'on appelle un fixe à partir d'un portable, faire précéder les 7 chiffres du numéro local par le code régional (par exemple le 04 pour Dubaï).

Si on appelle un portable à partir d'un fixe ou de portable à portable, faire précéder les 7 chiffres du numéro local par 050, 055, 056, etc.

TOURISME

OFFICES DU TOURISME

DTCM

4 ème étage
One Central Building
✆ +971 4 600 555559
www.visitdubai.com
info@visitdubai.ae
Ouvert de 8h à 17h. Fermé du vendredi après-midi au lundi matin.
Très actif, le DTCM est présent dans tous les grands salons touristiques internationaux et édite chaque année plusieurs livrets complets et pratiques. Leur site Internet est également une vraie mine d'informations.

Y ALLER

EN AVION

AIR FRANCE

✆ 09 69 39 36 54 – www.airfrance.fr

Air France propose un vol quotidien et direct entre Paris et Dubai (7 heures de trajet environ). Compter entre 500 et 900 € l'aller-retour, selon la période.

EMIRATES

✆ 01 57 32 49 99

www.emirates.com

ekfrance@emirates.com

Propose des vols directs et quotidiens Paris-Dubai. Une très bonne compagnie proposant des tarifs abordables.

ETIHAD AIRWAYS

27, rue de Berri (8e), Paris

✆ 01 57 32 43 43

www.etihadairways.com

La compagnie nationale des Emirats arabes unis propose des vols quotidiens vers Abu Dhabi uniquement, des navettes gratuites sont ensuite mises à la disposition des voyageurs pour vous rendre vers Dubaï où vous serez déposé près de Downtown.

OMAN AIR

65, rue de Prony (17e), Paris

✆ 01 47 64 21 50

www.omanair.com

Fondée dès 1993, la compagnie aérienne omanaise dessert trente-huit destinations dans vingt-trois pays. Elle a connu une croissance massive et a joué un rôle majeur en faisant de Mascate une importante plaque tournante du trafic aérien au Moyen-Orient, permettant un développement des secteurs commercial, industriel et touristique et des aéroports. La compagnie Oman Air a d'ailleurs obtenu de nombreuses distinctions depuis sa création en récompense de la qualité de ses services et de son hospitalité légendaire. Oman Air assure des vols quotidiens entre Mascate et l'aéroport d'Abu Dhabi et Dubaï et entre Salalah et Dubaï avec des prix relativement compétitifs.

ALCOOL AU VOLANT : TOLÉRANCE ZÉRO !

Aux Emirats, la tolérance concernant le taux d'alcool dans le sang lorsque l'on conduit est de 0 g/l ! Pas question de prendre le volant après avoir bu, même un « petit » verre. En cas d'accident ou d'arrestation inopinée, un contrôle d'alcoolémie qui se révèle positif peut conduire directement en prison. Mieux vaut donc ne pas prendre de risque et opter pour le taxi dès que l'on souhaite sortir.

AGENCES DE VOYAGE

CLIO
34, rue du Hameau (15e)
Paris
✆ 01 53 68 82 82
www.clio.fr
Agence ouverte du lundi au vendredi de 10h à 18h, le samedi de 10h à 13h et de 14h à 16h.
En choisissant Clio, dont le nom est inspiré par la muse de l'histoire, partez à la découverte d'une conception du voyage originale et enrichissante. Le succès des voyages Clio est basé sur trois principes. Tracer un itinéraire pour vous faire découvrir les différentes facettes d'un pays, d'une ville ou d'une région, vous apporter l'éclairage nécessaire pour mieux apprécier son histoire et son patrimoine lors d'une escapade à l'occasion d'une exposition ou d'un festival musical. Constituer un petit groupe de personnes réunies par leur goût commun de la découverte culturelle. Le tour-opérateur Clio vous emmène à la découverte de Dubaï et des Emirats arabes unis à travers un circuit de 13 jours intitulé « Archéologie et futurisme ».

VACANCES SUR-MESURE
27 Rue de Solférino
Boulogne-Billancourt
✆ 01 88 33 52 25
www.vacancessurmesure.com
contact@vacancessurmesure.com
Ouvert du lundi au samedi de 9h à 19h.
Ce voyagiste à taille humaine dédié à la conception de voyages sur-mesure possède une belle expertise sur le Moyen-Orient (Égypte, Émirats Arabes Unis, Iran, Israël, Jordanie, Oman) et l'Océan indien (Maldives, Maurice, Seychelles, Zanzibar). En plus des séjours sur-mesure, vous pouvez découvrir Dubaï notamment à travers de nombreux circuits combinés (« Dubaï et le désert » en 7 jours, « Dubaï Abu Dhabi » en 7 jours, « Circuit Pétra Dubaï » en 8 jours...).

Les alentours de Kite Beach.

SITES COMPARATEURS & ENCHÈRES

EASYVOYAGE
✆ 08 99 19 98 79
www.easyvoyage.com
contact@easyvoyage.fr
Le concept peut se résumer en trois mots : s'informer, comparer et réserver. Des infos pratiques sur plusieurs destinations en ligne (saisonnalité, visa, agenda...) vous permettent de penser plus efficacement votre voyage. Après avoir choisi votre destination selon votre profil (famille, budget...), le site vous offre la possibilité d'interroger plusieurs sites à la fois concernant les vols, les séjours ou les circuits. Grâce à ce moteur performant, vous pouvez réserver directement sur plusieurs bases de réservation (Lastminute, Go Voyages et bien d'autres).

EXPEDIA FRANCE
✆ 01 57 32 49 77
www.expedia.fr
Expedia est le site français n° 1 mondial du voyage en ligne. Un large choix de 300 compagnies aériennes, 240 000 hôtels, plus de 5 000 stations de prise en charge pour la location de voitures et la possibilité de réserver parmi 5 000 activités sur votre lieu de vacances. Cette approche sur mesure du voyage est enrichie par une offre très complète comprenant prix réduits, séjours tout compris, départs à la dernière minute...

JETCOST
www.jetcost.com
contact@jetcost.com
Jetcost compare les prix des billets d'avion et trouve le vol le moins cher parmi les offres et les promotions des compagnies aériennes régulières et *low cost*. Le site est également un comparateur d'hébergements, de loueurs d'automobiles et de séjours, circuits et croisières. L'interface du site Internet est très simple d'utilisation. Après avoir lancé la recherche, on peut affiner les résultats en fonction de ses choix afin de trouver le vol le plus intéressant, la durée du trajet, les éventuelles escales ou encore l'aéroport d'arrivée.

QUOTATRIP
www.quotatrip.com
Voyages sur mesure.
QuotaTrip est une plateforme de réservation de voyage en ligne qui met en relation des voyageurs à la recherche d'expériences authentiques et des agences de voyages locales sélectionnées pour leurs compétences et leur sérieux. Le réseau de QuotaTrip couvre près de 200 destinations dans le monde entier.

S'Y DÉPLACER

TRANSPORTS EN COMMUN

Les grandes artères, les différents ponts, les réseaux de bus, de métro et de taxis bien développés ainsi que les bateaux-taxis permettent de passer très rapidement d'une rive à l'autre de la Creek. Ils rendent les déplacements dans Dubaï relativement aisés. Toutefois la saturation croissante du trafic routier a tendance à faire désormais de la circulation un vrai casse-tête à Dubaï. En effet, les embouteillages ralentissent les accès aux points stratégiques pendant les heures de pointe et il vaut mieux faire ses déplacements aux heures creuses.

DUBAI METRO
✆ +971 4 284 4444
www.rta.ae
Le métro ouvre du samedi au mercredi de 5h à 1h15. Le jeudi de 5h à 2h15 et les vendredis et samedis de 5h à 2h15. Le dimanche le métro est ouvert de 8h à 1h15 du matin le jour suivant. Il faut impérativement se munir de la carte NOL que l'on peut acheter à toutes les stations de métro et dans certaines stations de bus. La carte est valide pour tous les transports en commun sauf pour le Monorail. Plusieurs cartes sont disponibles. Si vous êtes touriste de passage, ou que vous n'utilisiez les transports en commun que de temps en temps, c'est la carte papier Rouge pour un maximum de 5 passes journaliers ou de 10 trajets. Si vous restez plus d'une semaine et que vous preniez beaucoup les transports en commun, c'est la carte argent (Silver) et si vous préférez voyager en 1ère alors on peut soit utiliser la carte rouge ou l'Or (Gold). Il existe un passe à la journée de 20 AED ou 40 AED pour la

COMMENT SE DÉPLACER UNIQUEMENT EN TRANSPORT EN COMMUN

Le réseau des bus, métro, tramway et monorail permet de parcourir la ville en transport en commun mais s'y retrouver n'est pas facile. Nous vous recommandons l'application suivante, à télécharger dès votre arrivée. Très pratique, elle vous permet de sélectionner votre point de départ par exemple, l'aéroport jusqu'à votre hôtel et elle vous donnera pas à pas tous les transports mis à disposition ainsi que l'heure prévue d'arrivée à la destination finale avec en prime le prix à payer.

- **Wojhati Journey Planner**

1re classe, mais il faut bien le spécifier au moment de l'achat. Sinon, les prix des trajets dépendent de la distance, du nombre de zones traversées et de la couleur de votre carte. Rouge : 4 AED pour 1 zone et 8,5 AED pour 2 zones ou plus. Pour la 1ère classe : 8 AED pour 1 zone et 17 AED pour plus de 2 zones. Le prix du trajet est calculé à la fin et donc il faut présenter sa carte NOL pour entrer et pour en sortir du métro. Attention, 1 seule valise par personne est autorisée à bord. Le métro est équipé de wifi. Il est interdit de manger, boire ou dormir dans le métro. Gratuits pour les personnes souffrant d'un handicap, et les enfants de moins de 5 ans. Télécharger les applications RTA et surtout Shail permet de se renseigner sur le prix ainsi que le temps nécessaire pour arriver d'un endroit à l'autre.

Lancé en 2009, le métro automatique offre 90 km de réseau. 3 catégories de confort : Silver (économie), Gold (première classe) et Femmes&Enfants. La ligne verte est essentiellement souterraine et relie les vieux quartiers

Le métro de Dubaï.

de Dubaï entre Union Metro Station et Bus Juman.

La ligne rouge est essentiellement aérienne et longe la Sheikh Zayed Road de Deira à Jebel Ali. Une extension de la rouge permettra de rejoindre le site de l'Exposition Universelle.

STATIONNEMENT PAYANT SUR LA VOIE PUBLIQUE

Afin d'encourager les résidents à utiliser les transports en commun de manière plus systématique, la municipalité de Dubaï a décidé d'augmenter le tarif et les horaires des stationnements payants. Le parking est désormais payant entre 8h et 22h, à l'exception du vendredi. Il faut s'acquitter de 2 AED de l'heure pour la première heure. L'heure supplémentaire est de 3 AED. Une amende de 100 AED est appliquée pour dépassement, et une de 150 AED pour absence de ticket. Ceux qui circulent en voiture de location retrouveront cette amende sur la note du loueur à la restitution du véhicule.

Vous pourrez, en revanche, vous garer gratuitement dans la plupart des malls.

© RASTO SK – SHUTTERSTOCK.COM

Dubaï City.

DUBAI TAXIS

✆ +971 4 208 0000
www.dubaitaxi.ae
customers.happiness@dtv.gov.ae

Plusieurs catégories de taxis sont disponibles : Normal, limousine, handicapés, vans, location d'un chauffeur et d'un taxi à la journée, taxis conduits par des femmes pour les femmes et enfants. Pour réserver, vous pouvez appeler ou télécharger l'application Shail DTC Smart App qui permet aussi de réserver et de connaître à l'avance le prix de la course ainsi que le temps de trajet. Avant d'embarquer, assurez-vous que le chauffeur connaît votre destination, Le compteur affiche 5 AED (5,50 AED de 22h à 6h) dès que la course commence. Si le taxi est commandé, le compteur affiche entre 10 et 12 AED. La course minimum est cependant de 12 AED, et de 25 AED si l'on part de l'aéroport. Le prix du kilomètre est de 1,82 AED. Les chauffeurs peuvent rajouter un supplément de 4 AED s'ils passent par une borne de péage appelée Salik. On peut payer en espèces ou par carte de crédit.

Crème à toit rouge pour les taxis normaux, crème à toit rose pour les Ladies Taxis, ils sont partout, à toute heure, avec un compteur. Les chauffeurs parlent tous anglais et sont généralement très aimables. Pour réserver, vous pouvez appeler ou télécharger l'application Shail DTC Smart App qui permet aussi de réserver et de connaître à l'avance le prix de la course ainsi que le temps de trajet. Avant d'embarquer, assurez-vous que le chauffeur connaît votre destination.

DUBAI TRAMWAY

www.rta.ae

Tous les jours de 6h à 1h matin et le dimanche de 9h à 1h matin. Les tarifs et les catégories de carte sont les mêmes que pour le métro. Il faut impérativement se munir de la carte NOL que l'on peut acheter à toutes les stations de métro et dans certaines stations de bus.

DRÔLES DE STATIONS DE MÉTRO !

Vous le remarquerez assez vite : les stations de métro ont toutes la même forme depuis l'extérieur. Elles sont recouvertes d'une immense coque très design. Sachez que cette forme de coque n'est pas anodine, comme c'est souvent le cas du moindre élément architectural dans l'émirat. L'architecte du métro a voulu symboliser à travers ces coques géantes, toutes identiques, des coquilles d'huîtres pour rappeler, qu'en son temps, Dubaï fut à la pointe de l'industrie perlière dans le golfe Persique.

L'architecture très reconnaissable des stations de métro de Dubaï.

La carte est valide pour tous les transports en commun sauf pour le Monorail. Plusieurs cartes sont disponibles. Si vous êtes touriste de passage, ou que vous n'utilisiez les transports en commun que de temps en temps, c'est la carte papier Rouge pour un maximum de 5 passes journaliers ou de 10 trajets. Si vous restez plus d'une semaine et que vous preniez beaucoup les transports en commun, c'est la carte argent (Silver) et si vous préférez voyager en 1ère alors on peut soit utiliser la carte rouge ou l'Or (Gold). Il existe un passe à la journée de 20 AED ou 40 AED pour la 1ère classe, mais il faut bien le spécifier au moment de l'achat. Sinon, les prix des trajets dépendent de la distance, du nombre de zones traversées et de la couleur de votre carte, mais c'est 4 AED pour 1 zone et 8,5 AED pour 2 zones ou plus. Pour la 1ère classe : 8 AED pour 1 zone et 17 AED pour plus de 2 zones. Il faut passer la carte sur la borne à l'entrée, mais c'est en sortant du tram au moment de passer la carte sur la borne de sortie que le prix du trajet est calculé et déduit de la carte. Gratuits pour les personnes souffrant d'un handicap, et les enfants de moins de 5 ans. Télécharger les applications RTA et surtout Shail permet de se renseigner sur le prix ainsi que le temps nécessaire pour arriver d'un endroit à l'autre.

Le tramway de Dubaï, dessert 11 stations sur 11 km, partant de Dubaï Marina et allant jusqu'à Al-Sufouh en passant par Jumeirah Beach Road. Il est connecté avec le métro aux stations Jumairah Lake Towers et Damac Properties et les tarifs sont les mêmes que ceux du métro.

MONORAIL

A l'entrée de la Palm Gateway station
www.palm-monorail.com
inquiries@palmmonorail.com
Itininéraire : Damac metro station et puis le Tram avec un arrêt à Palm Jumeirah Tram Station. Ensuite rejoindre à pied en traversant Al Sufouh Road.
Tous les jours de 9h à 21h45. Les trains partent toutes les 15 minutes. On ne peut payer qu'en cash. Aller simple : 20 AED et aller-retour : 30 AED. Les enfants de moins de 110 cm voyagent gratuitement.

Le monorail permet de voir la Palm en prenant un peu de hauteur sans se ruiner et sans polluer. Il parcourt tout le tronc et s'arrête après 5 stations à l'Atlantis. On peut alors descendre pour aller prendre quelques photos souvenirs et rentrer.

LOCATION DE VOITURE

BSP AUTO

✆ 01 86 26 90 80
www.bsp-auto.com
Site comparatif accessible 24h/24.

Il s'agit là d'un prestataire qui vous assure les meilleurs tarifs de location aux conditions les plus avantageuses auprès des grands loueurs de véhicules dans les gares, aéroports et les centres-villes du monde entier. Le kilométrage illimité et les assurances sont souvent compris dans le prix. Avec BSP Auto, vous pouvez réserver dès maintenant et payer seulement cinq jours avant la prise de votre véhicule. Autre bonus du courtier BSP : pas de frais de dossier ni d'annulation (jusqu'à la veille). La moins chère des options zéro franchise.

SE LOGER

LOCATIONS TOUS QUARTIERS

AL BANDAR ROTANA & AL BANDAR ARJAAN

Deira
Baniyas Street
✆ +971 4 704 2222
www.rotana.com
res.albandar@rotana.com
Métro Al Rigga
Environ 1 050 AED pour une chambre double.

Les chambres sont spacieuses, modernes et lumineuses si on les demande avec vue sur la Creek. Très belle piscine sur le toit avec une vue panoramique sur la ville.

APARTHOTEL ADAGIO

Sheikh Zayed Road, Al Barsha 1
✆ +971 4 304 9988
www.adagio-city.com
Métro Sharaf DG.
Appartements à partir de : 500 AED/ 1 chambre, 840 AED/2 chambres, 1 100 AED/ 3 chambres.

L'appart-hôtel est un excellent choix pour des vacances en famille. Les clients de l'Adagio peuvent utiliser la piscine et le centre de remise en forme du Novotel adjacent. Les 198 appartements de 1 à 4 chambres sont décorés sobrement et jouissent de grandes baies vitrées qui garantissent une luminosité maximale pendant la journée.

Aparthotel Adagio.

PULLMAN DUBAI CREEK CITY CENTRE RESIDENCES
Baniyas Road
Deira City Centre
Deira
✆ +971 4 294 1222
www.pullmanhotels.com
h2022@accor.com
À côté du Deira City Center Mall.
Métro Deira City Center.
Studio à partir de 430 AED, appartement 1 chambre à partir de 450 AED.
Ancré dans le grand mall Deira City Centre, cet hôtel géré par Pullman est la garantie d'un confort bien réglé, de normes internationales connues, et de petites touches frenchy côté restauration. Emplacement parfait pour faire les courses et aussi explorer les quartiers anciens de la ville. Les appartements peuvent accueillir jusqu'à six personnes.

RAMADA DOWNTOWN
Emaar Boulevard
✆ +971 4 330 7330
www.wyndhamhotels.com
Métro Dubai Mall
Appartement d'une chambre à partir de 650 AED par nuit.
Excellente situation ! Avec vue plongeante directe sur les jeux d'eau du *mall*, en vis-à-vis du Burj Khalifa. La tour est divisée en 6 secteurs, selon l'orientation de votre appartement, et bien sûr les fenêtres sur la flèche d'argent sont les plus coûteuses. Photo du siècle depuis votre balcon.

VILLA ROTANA SUITES
Opposite side of Business Bay
Sheikh Zayed Road
✆ +9714321 6111
www.rotana.com
Métro Business Bay
Studio simple à environ 350 AED. Les tarifs varient selon la vue.
Idéalement situé sur la Sheikh Zayed Road et à deux pas du métro Business Bay, Villa Rotana est un bâtiment de 4 étages combinant harmonieusement architecture classique et touches contemporaines. 18 suites et studios luxueux pourvus de kitchenettes et de salles de bain spacieuses. 1 restaurant, gymnase équipé, saunas, hammams, bain bouillonnant et piscine à ciel ouvert sur le toit.

LA VILLE
City Walk
✆ +971 4 4033111
www.livelaville.com
laville.dubai@autographhotels.com
Autour de 950 AED par nuit.
Niché au cœur de City Walk, cet hôtel urbain plaira à tous ceux qui

EAU POTABLE

Une idée reçue a la vie dure dans la tête des visiteurs qui viennent pour la première fois à Dubaï et elle concerne l'eau. Nous tenons à rassurer tous ceux qui en doutent : OUI, l'eau est POTABLE à Dubaï, cependant comme elle est déstalinisée, nous recommandons de boire l'eau minérale. Souvent, de petites bouteilles d'eau sont mises gracieusement à disposition des clients dans les chambres d'hôtel. En revanche, inutile de vous rincer la bouche avec l'eau en bouteille !

souhaitent pouvoir déambuler dans les rues sans avoir à sauter dans une voiture à chaque fois. Le quartier est très fréquenté par les Émiratis et extrêmement animé le soir venu. Très confortables, les chambres sont de bonnes dimensions avec une décoration contemporaine.

DEIRA, BUR DUBAI, SATWA

C'est dans ce quartier que vous trouverez les seuls hôtels ne faisant pas partie de grandes chaînes hôtelières. En revanche, ce n'est pas le mieux situé car un peu loin du reste de tous les quartiers, mais côté porte-monnaie, c'est ici qu'on trouvera les prix les plus attractifs.

AL SEEF HERITAGE, CURIO COLLECTION BY HILTON

Hum Hurair 1
Al Seef Street
Bur Dubai
✆ +971 4 707 7077
www.hilton.com
info.alseef@hilton.com
Chambre à partir de 380 AED, et 500 AED avec vue sur la Creek.
L'hôtel vous plonge dans le charme des demeures du début du XXe siècle : tour à vent, moucharabieh, murs en torchis, Majilis, petits salons intimes et mobilier traditionnel : vous êtes loin des dorures des grands hôtels du centre-ville. C'est une exquise adresse pour tous ceux qui fuient les hôtels au luxe tapageur.

CANOPY BY HILTON DUBAI AL SEEF

Dubai Creek, Al Seef
Bur Dubai
✆ +971 4 707 7077
www.hilton.com
reservations@zabeelhouse.com
A partir de 610 AED.
L'hôtel offre 200 chambres au design épuré. Les bords du Creek avec la danse incessante des dhows, la piscine à débordement sur le toit, la taille humaine de l'hôtel, conduisent à la sérénité. L'hôtel se trouve à proximité de nombreux restaurants du quartier d'Al Seef et du vieux Dubaï.

DOUBLE TREE M SQUARE HOTEL&RESIDENCES

Al Mankhool Road, Mezzanine Floor
M Square Building
✆ +971 4 217 51 00
www.hilton.com
dxbmk.social@hilton.com
Métro Burjuman.
Selon la saison, chambre double à partir de 380 AED.
Cet hôtel de 23 étages accueille 327 chambres et 131 appart-hôtels. Il se situe non loin du centre historique et à côté de la station de métro et du mall Burjuman. Sa décoration industrielle chic est réussie.

HAMPTON BY HILTON

Dubai Creek
Al Seef
Bur Dubai
✆ +971 4 707 7077
www.hilton.com
A partir de 460 AED par personne.
300 chambres de 23 m² décorées façon street art et qui offrent de belles vues sur la Creek et le quartier d'Al Seef. Conçues comme un petit studio, elles possèdent un petit réfrigérateur, une station thé/café. Tout y est, une piscine sur le toit, deux restaurants l'un bio et l'autre asiatico-arabe proposent une restauration complétant toute la gamme offerte dans le quartier d'Al Seef.

MAZMI CASA

Creekside
Textile Souq
Bur Dubai
✆ +971 4 282 7252
www.mazmi.me
info@mazmi.me
Environ 680 AED la chambre double, petit déjeuner compris.
Les trois chambres de cette maison d'hôte qui abrite le café au rez-de-chaussée sont un enchantement pour tous les visiteurs qui veulent fuir les grands hôtels. Niché au cœur du souk du textile et en bordure de la Creek, chacune des chambres propose non seulement une décoration très réussie, très cosy qui invitent tout de suite à la zénitude.

PALAZZO VERSACE DUBAI

Al Jadaf
Culture Village
Bur Dubai
✆ +971 4 556 8888
www.palazzoversace.ae
info@palazzoversace.ae
Métro Jadaf
À partir de 1 500 AED la chambre de luxe pour 1 ou 2 personnes avec vue sur le Culture Village, 2 200 AED vue sur la Creek. Accessible aux fauteuils roulants. Accessible aux personnes à mobilité réduite. Blanchisserie. Distributeurs d'argent. Bar. Piscine extérieure. Piscine extérieure chauffée.
Le style est néoclassique à l'image de la grande Maison. Quintessence de ce confort à l'italienne, les 215 chambres et suites sont des cocons, en notes pastel et draps de soie, du beige, de l'ivoire, du rose tendre, des produits de soins Versace, du marbre dans la salle de bains, des tableaux, des boiseries, de la marqueterie.

PARK HYATT

Dubai Creek Club street
Deira
✆ +971 4 602 1234
www.hyatt.com
dubai.park@hyatt.com
Voisin du Dubai Creek Golf and Yacht Club. Métro GGICO.
Chambre double aux alentours de 1 950 AED.
Installé dans un golf, au bord de la marina observant sur la berge d'en face le poumon chlorophyllien du plus grand parc de Dubaï. Composé de petites unités blanches à dôme bleu, la plupart de plain-pied, il se distingue des innombrables buildings de la ville par son aspect de petite cité arabo-mauresque. Ponctuées de touches orientales, les chambres conservent la sobriété noble d'un agencement design qui privilégie l'ouverture.

RAFFLES DUBA

Wafi
Sheikh Rashid Road
Umm Hurair 2
✆ +971 4 324 8888
www.raffles.com
bookus.dubai@raffles.com
Métro Dubai Healthcare City
Double à partir de 1 000 AED.
Avec pour emblème l'arbre du voyageur, cet établissement, l'un

REPÉREZ LES MEILLEURES VISITES

★ INTÉRESSANT ★★ REMARQUABLE ★★★ IMMANQUABLE ★★★★ INOUBLIABLE

des plus beaux de la ville, tire son nom de Sir Thomas Stamford Raffles, lieutenant-gouverneur de Java puis fondateur de Singapour en 1819. Sobrement chic, aux airs d'élégance malaisienne mêlés de clins d'œil à l'ancienne Égypte, il comporte 248 chambres aux teintes chaudes et cuivrées, sur 19 étages allant en se rétrécissant. Accès direct au *mall* et au charmant souk Khan Murjan.

ROVE CITY CENTER

24th/19th B Street, Deira
© +971 4 561 9100
www.rovehotels.com
hello@rovehotels.com
800 AED la chambre simple ou double.
Très présents à Dubaï, les ROVE sont une nouvelle génération d'hôtels moyen de gamme faciles à vivre et à s'approprier, avec des espaces où se relaxer, d'autres où travailler (connexion wifi gratuite à haut débit), d'autres où s'amuser (baby-foot, tables de ping-pong, consoles de jeux, coins salons, thé-café-gâteaux en libre-service, etc.). Le design est top et trendy.

SOFITEL DUBAI THE OBELISK

Umm Hurair 2
Wafi Sheikh Rashid Road
© +971 4 3249999
www.sofitel-dubai-theobelisk.com
DubaiTheObelisk@Sofitel.com
Dubai Heatlhcare City Metro.
1 semaine dès 557 AED/nuit/studio, 1 591 AED/nuit/appartement avec 1 chambre et 3 515 AED/nuit/appartement avec 2 chambres.
Le Sofitel Obelisk propose 97 appartements à la décoration raffinée et contemporaine avec une petite touche rétro Art déco et offre une très belle vue sur la skyline de Dubai downtown. Les résidences sont connectées directement au Mall juste à côté ce qui est très pratique pour faire les courses.

SOFITEL DUBAI THE OBELISK

Umm Hurair 2
Wafi Sheikh Rashid Road
© +971 4 3249999
www.sofitel-dubai-theobelisk.com
DubaiTheObelisk@Sofitel.com
Dubai Heatlhcare City Metro.
Aux alentours de 1 000 AED la chambre double.
L'architecture de l'hôtel s'inspire de l'obélisque de Louxor et il s'intègre donc parfaitement au sein du complexe Wafi qui assume pleinement son inspiration de l'Egypte ancienne. Une fois passé le choc d'un immense aigle doré qui surplombe la réception, les 595 chambres sont ultra-lumineuses et offrent de belles vues sur la skyline.

THE CANVAS HOTEL DUBAI M GALLERY HOTEL COLLECTION

Port Rashid
23 Kuwait Street
© +971 4 386 8111
www.thecanvasdubaihotel.com
hb394@accor.com
Aux alentours de 500 AED pour la chambre double. Blanchisserie, bar, discothèque, piscine extérieure.
Situé dans le quartier historique, à quelques enjambées de Port Rashid, voici un très bel hôtel contemporain au grand confort sans vous ruiner. Vous serez non seulement à quelques minutes des quartiers de Shindagha et Al Fahidi et des souks de l'or et des épices, mais aussi tout près des accès pour rejoindre les quartiers de Downtown.

Bur Dubai, XVA Gallery.

XVA ART HOTEL
Al Fahidi District
Bur Dubai
✆ +971 4 353 5383
www.xvahotel.com
reservations@xvagallery.com
Métro Al Fahidi

Selon la saison compter 400 à 650 AED pour une chambre double.
L'Américaine Mona Hauser, qui lança l'affaire, eut l'audace de cette maison restaurée dans ce qui n'était alors qu'un quartier en ruines. L'hôtel propose 15 chambres – toutes charmantes et meublées à l'ancienne, dont l'une dans une tour à vent et d'autres prolongées de patios extérieurs verdoyants. À l'étage, les chambres donnent sur une terrasse solarium surplombant le vieux Dubaï.

Burj Al Arab.

LE LITTORAL DE JUMEIRAH

Il est difficile d'échapper aux hôtels de chaîne dans ce quartier, en revanche, une grande partie d'entre eux possèdent des plages superbes.

BURJ AL ARAB
Jumeirah Road
✆ +971 4 301 7777
www.insideburjalarab.com
baainfo@jumeirah.com
Suite aux alentours de 6 500 AED.

Construite selon les plans du Britannique Tom Wright et inaugurée en 1999, la « tour des Arabes » répond bien à son destin de bâtiment iconique, inséparable de Dubaï comme la tour Eiffel de Paris. Haute de 321 mètres, elle apparaît en effet, sur son île artificielle à 280 mètres de la côte, telle l'immense voile blanche d'un boutre gonflée par les vents du golfe. Inaugurée en septembre 2016, la grande terrasse composée de deux piscines, de cabanes de plages ultra luxueuses et d'un service de majordome, ne manque pas d'époustoufler autant que le reste du bâtiment.

BVLGARI RESORT AND RESIDENCES DUBAI

Jumeirah 2
Jumeirah Bay Island
✆ +971 4 777 5555
www.bulgarihotels.com
dubai@bulgarihotels.com
Chambre à partir de 5 000 AED la chambre double, 12 000 la suite et 32 000 AED la villa.

Le Bvlgari Resort se trouve sur une île artificielle dont la forme imite celle d'un hippocampe reliée au centre de Dubaï par un pont de 300 mètres. À 2 minutes du continent, il offre une tranquillité insulaire, avec pour toile de fond le spectacle de la skyline de Dubaï. Un hôtel ultra chic et exclusif.

FOUR SEASONS JUMEIRAH

Jumeirah Beach Road
Jumeirah 2
✆ +971 4 270 7777
www.fourseasons.com
Chambre double aux alentours de 3 500 AED.

Naturellement construit en bord de plage, ce palais combinant style traditionnel arabe et style contemporain est un luxueux écrin pour ses 237 chambres (dont 49 suites). D'un côté, on a vue sur le golfe d'Arabie, de l'autre sur le Burj Khalifa et la skyline, et dans les deux cas, un grand balcon permet de profiter du spectacle.

Autre adresse : Four Seasons DIFC.

Bvlgari Resort Dubaï.

Jumeirah al Naseem.

JUMEIRAH AL NASEEM
Umm Suqeim 3, Madinat Jumeirah
✆ +971 4 366 8888
www.jumeirah.com
info@jumeirah.com
A partir de 2 100 AED/chambre double en basse saison et 4 500 AED en haute saison.
Luxueux, contemporain, hyper trendy et néanmoins arabisant, ce resort est le plus récent chapitre de la saga Madinat Jumeirah. Les architectes et décorateurs n'ont pas lésiné sur l'élégance des matières et des lignes, la beauté des piscines, cette implantation des chambres et des jardins sur plusieurs niveaux de façon à favoriser les perspectives sur la mer et le Burj el Arab offert en plein cadre à la plupart des terrasses et des suites, comme un tableau.

JUMEIRAH AL QASR
Madinat Jumeirah, Al Sufouh Road
✆ +971 4 366 8888
www.jumeirah.com
Double à partir de 2 800 AED en basse saison et 5 000 AED en haute saison.
Pas moins de 300 chambres au Qasr, des centaines d'autres dans les 3 hôtels attenants, déclinées à chaque fois de la standard aux suites, ce qui fait une vaste palette de types et de tarifs d'hébergement différents. C'est un bien beau Qasr, duquel on aperçoit, clou du spectacle nocturne, le Burj en habit de lumière. Magique !

JUMEIRAH BEACH HOTEL
Jumeirah Road
✆ +971 4 348 0000
www.jumeirah.com
jbhinfo@jumeirah.com
À côté du Burj al-Arab
Chambre double à partir de 3 200 AED en haute saison et à partir de 1 600 AED en basse saison.
Un ensemble somptueusement aérien de 600 chambres et suites sur 26 étages est édifié sur le mode pyramidal sinueux. A l'avant, des piscines et la plage ! Les restaurants Villa Beach, Beachcombers et La Veranda offrent de belles tables marines avec vue grand écran sur une des plus fascinantes créations architecturales du monde : la Burj Al Arab.

JUMEIRAH MINA A'SALAM
Madinat Jumeirah, Al Sufouh Road
✆ +971 4 366 8888
www.jumeirah.com
mjinfo@jumeirah.com
Chambre double à partir de 1 200 AED en basse saison et 3 900 AED en haute saison.
Cousin et voisin immédiat du Qasr et du Souk, le « port de la paix » se pare d'un ocre chaud et ne dispose lui « que » de 300 chambres réparties dans une structure verticalisée que l'on prendrait presque pour une forteresse yéménite.

Puisque les tarifs sont similaires dans les deux palaces, on avouera un petit faible pour le côté tranquille du Mina, sa plus grande proximité avec le mer, sa piscine en balcon sur les vagues. Autrement, les prestations sont exactement les mêmes, avec accès au Wild Wadi par le chemin du littoral, le ballet des voiturettes et des abras électriques, le Souk Madinat à 2 minutes. Avec des enfants, le Qasr sera plus ludique. En amoureux, c'est ici.

MANDARIN ORIENTAL

Jumeirah 1
Jumeirah Beach Road
En face du centre commercial Mercato
✆ +971 4 777 2222
www.mandarinoriental.com
modub-reservations@mohg.com
Chambre double à partir de 2 400 AED en basse saison et aux alentours de 5 300 AED en haute saison.
On rentre côté ville et le lobby vous accueille avec sa forêt d'arbres en bronze surmontés de pétales en cristal de Bohème. On ne soupçonne pas que de l'autre côté l'hôtel s'ouvre sur une immense piscine et sur la plage toute proche. Idéalement situé entre centre-ville et bord de mer, l'hôtel offre de spacieuses chambres dans un style classique aux couleurs contemporaines.

NIKKI BEACH RESORT & SPA DUBAI

Pearl Jumeira
✆ +971 4 376 6000
www.nikkibeachhotels.com
info@nikkibeach.com
A partir de 1 800 AED la chambre double
Lumineux, contemporain, le Nikki Beach est une harmonieuse conjugaison de branchitude et de chic, de lignes graphiques. Jouant sur des tonalités de blanc, grège et bois clair rehaussées de quelques touches de couleur, l'établissement pose ses bâtiments cubiques sur 450 mètres de plage privée face à la mer d'un côté et à la skyline de l'autre.

Mandarin Oriental.

Rove Hotels.

ROVE LA MER BEACH HOTEL

Jumeirah 1
La Mer South
✆ +971 4 561 9999
www.rovehotels.com
hello@rovehotels.com
Aux alentours de 600 AED par nuit pour deux personnes. Les chambres avec vue sur la mer sont plus chères.
Situé au cœur du quartier de la Mer, cet hôtel offre des chambres confortables de 26 mètres carrés avec mini balcon. Bien sûr nous vous recommandons celles avec vue sur la mer. Rove continue avec son design contemporain et trendy, les touches en clin d'œil, et le confort fonctionnel. L'hôtel a même une piscine. On n'aime pas, on adore !

THE PALM, DUBAI MARINA, JBR

Notre sélection est impitoyable : sauf exception justifiée, nous avons zappé les hôtels « vue sur mer » posés au bord de la route côtière, les tours frigorifiées dans lotissements « avec accès à la mer » et ce genre de fausses auberges marines qui vous mettent 30 minutes d'ascenseurs, d'escalators, de halls glacés, de souterrains, entre la chambre et la plage.

ANANTARA THE PALM DUBAI RESORT

The Palm Jumeirah
East Crescent
✆ +971 4 567 8888
www.anantara.com
dubaipalm@anantara.com
Chambre double autour de 1 500 AED.
Construit sur une plage de 400 mètres de long, le resort Anantara est un îlot de Thaïlande en plein Dubaï. Un tuk-tuk conduit aux chambres, réparties autour de lagons artificiels qui sont autant de milliers de m² de piscines où s'immerger.

ATLANTIS THE PALM

Crescent Road, The Palm
✆ +971 4 426 2000
www.atlantisthepalm.com/fr
reservations@atlantisthepalm.com
Double à partir de 2 400 AED, suite à partir de 4 100 AED, chambre sous-marine à partir de 22 000 AED.
Majestueuse vigie archée, voici l'hôtel-citadelle des loisirs. Avec 1 539 chambres et suites, voici un complexe gullivérien scénarisé autour de la découverte de l'Atlantide dans le Golfe.

FAIRMONT THE PALM

Palm Jumeirah
✆ + 971 4 457 3388
www.fairmont.com/palm-dubai/
palmdubai@fairmont.com
Autour de 800 AED la chambre double avec le petit déjeuner.

Situé en haut du tronc de la Palm, avec sa plage privée et sa vue sur les gratte-ciel de la Marina, féeriques et scintillants la nuit, cet hôtel est idéal pour se relaxer. Les chambres sont spacieuses et confortables, dans les tons bruns et ocre avec une déco inspirée de la vie des Bédouins et du désert.

GROSVENOR HOUSE

Al Sufouh Road
Dubai Marina
✆ +971 4 399 8888
reservations.lrmgh@marriott.com
Double à partir de 900 AED.
Le Grosvenor est l'un des premiers hôtels à avoir ouvert ses portes en 2005 lors de la création de Dubaï Marina. Le Grosvenor offre à ses clients l'accès au Royal Méridien qui est situé juste de l'autre côté de la voie rapide.

MEDIA ONE HOTEL

Al Falak Street
Media City
✆ +971 4 427 1000
www.mediaonehotel.com
hello@mediaonehotel.com
Derrière l'université américaine.
Chambre double à partir de 560 AED.
Design et branché, le Media One est idéalement situé à la frontière entre la Marina et Media City et offre des vues sur la mer et Palm Jumeirah tout autant que sur la skyline depuis l'une des 260 chambres réparties sur 43 étages.

JUMEIRAH ZABEEL SARAY

The Palm Jumeirah
West Crescent
✆ +971 4 453 0000
www.jumeirah.com
JZSinfo@jumeirah.com
Chambre double à partir de 1 400 AED.
Baldaquins ouvragés, plafonds sculptés, lambris de céramiques, tulipes à gogo, aplats turquoise. Par les couloirs moquettés, gagnez les chambres tendues de parquet brun, aux murs et au mobilier sombres, fantastiques salles de bains à l'orientale.

ONE&ONLY ROYAL MIRAGE

King Salman Bin Abdulaziz Al Saud Street
Face à Media City
et Palm Jumeirah
✆ +971 4 399 9999
info@oneandonlyroyalmirage.ae
Tramway Palm Jumeirah
Chambre double à partir de 2 000 AED.
Le Palace (préférence pour l'aile ouest au calme près du bassin de nage) fait du classique chic autour de l'immense piscine, l'Arabian Court file la métaphore alibabienne light avec ses couloirs zigzagants tandis que la Residence & Spa (48 chambres seulement), discrètement enchâssée entre les deux autres fait figure de tanière pour amoureux.

ONE&ONLY THE PALM

The Palm Jumeirah
West Crescent
✆ +971 4 440 1010
www.oneandonlyresorts.com
info@oneandonlythepalm.com
Double à partir de 3 500 AED.
Sublime hôtel de 90 chambres ! Beiges en fondu enchaîné, blancs argentés, marbres ouvragés, éclairages en gouttes cristallines, piscine bordée de Cabana Suites climatisées, salles de bains ultra-design.

RIXOS THE PALM DUBAÏ HOTEL

Palm Jumeirah
East Crescent
✆ +971 4 457 5555
http://thepalmdubai.rixos.com/
RHDXB.onlinereservation@rixos.com
Autour de 1 700 AED chambre double avec petit déjeuner, taxes incluses.
Tout près de l'Aquaventure Waterpark, cet hôtel offre tout le confort d'un hôtel de luxe en front de mer : accès direct sur la plage privée, chambres et suites, dans de doux tons crème et or, avec parquet, qui offrent différents panoramas sur Dubaï, sur la mer ou les gratte-ciel de la Marina.

ROYAL MERIDIEN

Marina
Al Mamsha Street
✆ +971 4 399 5555
www.marriott.com
reservations.lrmgh@marriott.com
Chambre double à partir de 920 AED. Navette gratuite trois fois par jour jusqu'au Mall of the Emirates. Toutes les 15 minutes, navette pour l'hôtel Grosvenor House qui est juste à côté.
Alignant ses 500 chambres, dont une petite partie en « vue ville », le futuriste d'hier, Royal en robe béton et verre fumé, tient son rang grâce à son parc arboré, et à sa grande plage de sable blanc d'une profondeur à nulle autre égale à Dubaï.

SOFITEL DUBAI JUMEIRAH BEACH

The Walk
Jumeirah Beach Residence
✆ +971 4 448 4848
www.all.accor.com
h6146@sofitel.com
Tramway Jumeirah Beach Residence 2
Chambre double à partir de 800 AED.
438 chambres et suites sur 31 étages, dans un style design esthétique et lumineux mâtiné de quelques touches orientales. On est au cœur du quartier branché de JBR The Walk & The Beach, ses boutiques, ses restos et bars divers, son activité incessante, sa superbe plage aménagée.

SOFITEL THE PALM

The Palm Jumeirah
East Crescent Road
✆ +971 4 455 6677
www.sofitel-dubai-thepalm.com
H6541@sofitel.com
Chambre double à partir de 1 000 AED.
L'ensemble respire le raffinement, pour des vacances balnéaires chic et zen, baignées de lumière et d'espace. 500 mètres de plage immaculée, six piscines dont une de taille océanique. 360 chambres et 182 résidences, on goûte au confort absolu d'un hôtel de très haut standing.

THE ADDRESS BEACH RESORT

JBR
The Walk
✆ +971 4 423 8888
www.addresshotels.com
stayatbeachresort@addresshotels.com
Prix selon la saison à partir de 1 300 AED pour une chambre double.
Impossible de ne pas remarquer cet immense rectangle de 77 étages qui s'élance dans le quartier de JBR. Ouvert au début de 2021, il affiche fièrement deux records inscrits dans le livre *Guinness* : le pont et une piscine à débordement les plus hauts du monde. Les 217 chambres et suites offrent des vues spectaculaires sur BlueWaters et sur la Marina.

THE RITZ CARLTON JBR

Jumeirah Beach Residence
The Walk
Al Mamsha Street
✆ +971 4 399 4000
www.ritzcarlton.com
dxbrz.leads@ritzcarlton.com
Tramway Jumeirah Beach
Residence 1
Chambre Double à partir de 1 700 AED en basse saison et 5 100 en haute saison.
Ici, on ne s'élance pas plus haut que 4 étages et l'on sait recréer, dans les 140 chambres et suites, l'atmosphère élégante des palaces d'antan. Mais une fois à l'intérieur de la propriété, heureux voyageur, vous apprécierez les 35 000 m² de jardins luxuriants et odorants et, sans vous retourner, goûterez à ce tête-à-tête avec la mer par-delà les 300 mètres de plage privée.

THE SAINT REGIS, THE PALM

The Palm Jumeirah
Nakheel Mall
✆ +971 4 218 0000
www.marriott.com
Monorail Nakheel Mall.
Selon la saison, chambre double à partir de : 1 200 AED.
Le tout nouveau Saint Régis se situe dans une tour au cœur de Nakheel Mall tout en haut du tronc de la Palm. La vue est donc le maître mot de ces 264 chambres et 26 suites !

TRYP BY WYNDHAM

T-com
Al Saef 1 Street
Barsha Heights
✆ +971 4 247 6666
www.trypwyndhamdubai.com
info@trypdubai.com
Métro Dubai Internet city.
Selon la saison, chambre double à partir de 230 AED.
Idéalement situé au cœur de Barsha Heights non loin de Dubai Marina. La décoration est jeune, fun et les quelques touches personnalisées rappellent que l'on est bien aux EAU. Les chambres sont de bonne taille et très fonctionnelles et l'on vous recommande celles donnant sur la place. Excellent espace de co-working.

W DUBAI THE PALM

Palm Jumeirah
West Crescent
✆ +971 4 245 5555
www.marriott.com
Environ 1 200 AED pour la chambre double.
Même s'il est un peu loin du centre, la vue qu'offrent les chambres et la plage de cet hôtel vous feront vite oublier les distances. C'est un hôtel très design aux chambres vastes, contemporaines et lumineuses. Un esprit de fête perpétuel.

WESTIN MINA SEYAHI

Mina Seyahi Beach Resort § Marina
Sufouh road
Face à Palm Jumeirah
✆ +971 4 399 4141
www.marriott.com
Double à partir de 1 200 AED.
Majestueuse façade néo-classique en paréo beige prolongé par le porche à colonnade, jardins sous palmes et piscine stylée, la plage en live sous les tongs, joli profil en format 300 chambres, claires, spacieuses même si les espaces publics mériteraient un grand rafraîchissement.

DUBAI DOWNTOWN ET SHEIKH ZAYED

Aucune plage dans ce quartier mais de très belles tours, de grandes prestations et la proximité avec la Burj Khalifa. Finalement un bon compromis car très bien situé et non loin des plages aménagées du littoral de Jumeirah. Pratiquement tous les hôtels offrent des piscines.

ARMANI HOTEL

Burj Khalifa
Emaar Boulevard
✆ +971 4 888 3888
www.armanihoteldubai.com
dubai@armanihotels.com
Métro Burj Khalifa/The Dubai Mall
Chambre double à partir de 2 500 AED.
Armani se vit attribuer les 39 premiers étages de la tour du vertige, la sublime Burj Khalifa. La rupture est immédiate, soudain le monde consume des couleurs de bois et de tabac, là ce gris perlé, là une ligne nacrée. Un couloir aveugle où flotte une inquiétude due à ces portes numérotées comme à la prison. La suite s'enroule dans les parois tissées, un ventre de cuivre chaud.

FOUR SEASONS DIFC

Gate Village Building 9
DIFC
✆ +971 4 506 0000
www.fourseasons.com
A partir de 2 200 AED pour une chambre double.
Un hôtel-boutique chic et intimiste au cœur du centre financier pour tous ceux qui recherchent la discrétion en plein centre-ville avec le service légendaire de la célèbre compagnie canadienne.

MANZIL DOWNTOWN

Mohammed bin Rashid Boulevard
En face de The Palace Downtown Hotel
✆ +971 4 428 5858
www.vida-hotels.com
info@manzildowntown.com
Métro Dubai Mall
Chambre double à partir de 750 AED.
Façades en stuc sans surcharge, jarres anciennes aux lignes élancées, le décor mêle avec harmonie matières traditionnelles et formes design, le tout dans une sobriété élégante franchement réussie. On apprécie d'être à 5 minutes à pied des galeries marchandes (juste la route à traverser) tout en étant au calme d'un ensemble architectural dessiné comme un village en robe ocre d'Orient.

ME HOTEL

Al Amal Street, The Opus
Business Bay ✆ +971 4 525 2500
www.melia.com
me.dubai@melia.com
Aux alentours de 1 200 AED la chambre double.
Le bâtiment, devenu emblématique à Dubaï, abrite entre autres un hôtel dont toutes les chambres ont été dessinées par la célèbre et regrettée architecte Zaha Hadid. Le résultat est un lobby époustouflant, des lignes courbes, une distribution des chambres insolite. L'hôtel plaira aux amoureux d'architecture.

PARAMOUNT HOTEL DUBAI

Business Bay
✆ +971 4 246 6666
www.paramounthotelsdubai.com
contact@paramounthotelsdubai.com
Aux alentours de 800 AED la chambre double.

Installé au cœur du quartier des affaires, l'hôtel Paramount, comme son nom le laisse présager, célèbre l'âge d'or du cinéma américain. Tout y passe, les chambres, les restaurants et même les salles de banquet. Parmi les 823 chambres, très spacieuses, du gratte-ciel de 69 étages, nous vous recommandons bien sûr celles qui offrent une vue sur la Burj Khalifa.

ROVE DOWNTOWN DUBAI

312 Happiness Street, Zabeel 2
Downtown ✆ +971 4 561 9000
www.rovehotels.com
hello@rovehotels.com
Métro Burj Khalifa/The Dubai Mall.
Chambre double aux alentours de 500 AED.
La clientèle ciblée est jeune, c'est pourquoi l'établissement est plutôt high-tech : on fait son check-in avec son smartphone, il y a une application de e-concierge et les transports en commun sont à proximité. Les chambres sont spacieuses (26 m²), le wifi est gratuit et l'établissement possède une piscine, un restaurant et un bar-lounge ; le tout pour un prix très compétitif.

SLS DUBAI HOTEL AND RESIDENCES

Business Bay, Marasi Drive
✆ +971 4 607 07 57
www.sbe.com
slsdubai@slshotels.com
Aux alentours de 1 120 AED/nuit pour un studio, 1 220 AED/nuit pour 1 suite avec 1 chambre et 2 180 AED pour une suite avec 2 chambres.
Voici le premier SLS de la chaîne à Dubaï du groupe Accor dans cette tour située en plein cœur de Business Bay et qui offre des vues époustouflantes sur la skyline de Dubaï. Votre expérience commence avec le check-in au 71e étage avant d'accéder à l'une des 254 chambres à la décoration très contemporaine. Ne pas manquer les deux piscines à débordement situées au 75e étage. Un hôtel branché et très en vogue à Dubaï.

THE ADDRESS BOULEVARD

En face de Dubaï Mall
21447 Sheikh Mohammed bin Rashid Boulevard
✆ +971 4 561 8999
www.theaddress.com
StayAtBoulevard@addresshotels.com
Aux alentours de 1 600 AED la chambre double.
Son style épuré sans être froid, la fraîcheur de ses tonalités, le choix d'un mobilier aux formes douces créent un effet de zénitude immédiate. Cela se retrouve dans les chambres et suites et leurs salles de bains de marbre blanc, ainsi qu'au spa, sanctuaire raffiné, hammam traditionnel, saunas, douches sensorielles, salon de beauté, piscine.

THE PALACE DOWNTOWN

The Old Town Island
Eemar Boulevard
✆ +971 4 428 7888
www.addresshotels.com
stay@addresshotels.com
Métro Dubai Mall
Chambre double à partir de 1 600 AED.
Adjacent au souk al Bahar, dans le même uniforme, un « palace » autoproclamé mais pas si loin du but, en tout cas pour son emplacement, car géographiquement pile dans l'axe du Burj. Ex-Sofitel passé sous enseigne locale, il travaille la veine arabohollywoodienne des salons aux 240 chambres top luxe.

THE RITZ-CARLTON DIFC
DIFC
✆ +971 4 372 2222
www.ritzcarlton.com
dxbif.leads@ritzcarlton.com
Métro Financial Centre
Chambre double à partir de 2 200 AED.
Premier hôtel du centre financier, toutes les chambres sont spacieuses, claires, élégantes. Le principal atout de cet hôtel est d'être à un jet des offres culinaires branchées et des galeries d'art de DIFC : un gros atout lorsqu'on connaît les encombrements légendaires de la ville.
Dubaï Mall se trouve à 10 minutes en taxi. Jolie terrasse extérieure à l'étage.

VIDA HOTEL
Mohammed Bin Rashid Boulevard
The Old Town, Downtown Dubai
✆ +971 4 428 6888
hithere.downtown@vidahotels.com
Métro Business Bay
Chambre double à partir de 700 AED.
Cet hôtel raffiné mise sur des lignes épurées, des teintes claires naturelles et des matériaux nobles, pour créer un espace design de fraîcheur et de détente qui plaît aussi bien aux jeunes qu'à une clientèle aux goûts plus classiques, aux vacanciers comme aux hommes d'affaires.

BARSHA ET AL QHOZ

A Al Barsha se trouvent toutes les offres d'hôtels et d'appart-hôtels à des prix très abordables, avec le sérieux avantage de mettre à disposition des navettes gratuites vers la plage, d'avoir un accès direct à pied au Mall of the Emirates et au métro, tandis qu'à Al Qhoz, quartier tendance en pleine évolution, il faut savoir passer au-delà du désert de hangars et se laisser porter par ce guide.

CENTRO BARSHA
Road 329, Al Barsha 1 Business Districts
✆ +971 4 704 0000
www.rotana.com
rotana.rewards@rotana.com
Chambre double à partir de 250 AED.
Le style moderne et minimaliste, l'ambiance chaleureuse du mobilier tendance gris profond et l'éclairage atténué font de cet hôtel, situé à deux pas du Mall of the Emirates, le coin parfait pour les business people de Media City ou les familles (studios et suites) qui cherchent le repos.

IBIS DUBAI AL BARSHA
Sheikh Zayed Road
Al Barsha
✆ +971 4 399 6699
www.all.accor.com
h6540@accor.com
Métro Sharaf DG
Autour de 420 AED pour une chambre double.
Ses 480 chambres, dont 48 sont communicantes, promettent un sommeil doux et profond grâce à la nouvelle literie Sweet Bed by Ibis, ainsi qu'un confort moderne au diapason, avec plateau thé/café, douche ou baignoire, bureau, wi-fi et TV LCD.

KEMPINSKI HOTEL
Mall of the Emirates
Sheikh Zayed Road
✆ +971 4 341 0000
www.kempinski.com
Métro M.O.E.
Double à partir de 900 AED, chalet à partir de 3 000 AED.
Le seul hôtel du monde situé au milieu du désert à proposer des chambres

de style alpin avec vue sur une piste de ski : murs en pierre sèche, photos en noir & blanc des glaciers, lumières cosy. Accès direct au Mall of The Emirates.

MILLENIUM PLACE BARSHA HEIGHTS

Barsha Heights, Hessa Street
First Al Khail Street
✆ +971 4 875 0077
www.milleniumhotels.com
reservations.mpbh@milleniumhotels.com
En face du champ de course
Jebel Ali.
Aux alentours de 300 AED la chambre double.
C'est un hôtel qui peut convenir autant aux familles avec le kids club, qu'à ceux qui viennent pour le business. Vous pourrez aussi profiter de deux piscines, 1 fitness center bien équipé et un très beau spa dans cet établissement contemporain.

NOVOTEL DUBAI AL BARSHA

Sheikh Zayed Road
Al-Barsha 1
✆ +971 4 304 9100
www.all.accor.com
H6535@accor.com
Métro Sharfa DG
Autour de 450 AED pour une chambre double.
Le Novotel Dubaï Al Barsha prend idéalement ses aises à quelques minutes de l'arrêt de métro Mashreq et du centre commercial Mall of the Emirates. Au-delà d'un design intérieur tout en fluidité et en légèreté, c'est de l'artillerie lourde qui se pianote sur 465 touches, dont 89 suites (de 1 à 3 chambres).

PULLMAN DUBAÏ JLK HOTEL RESIDENCE

Jumeirah Lakes Towers, Cluster T
✆ +971 4 567 1100
www.all.accor.com
h6305-re@accor.com
Métro Damac Properties
Autour de 600 AED la chambre double
L'hôtel est situé à Jumeirah Lakes Towers (JLT), avec une superbe vue sur les gratte-ciel de Marina et sur Cheikh Zayed Road. L'hôtel est très confortable, les chambres et appartements sont spacieux dans un design urbain, piscine sur le toit.

SUITE NOVOTEL MALL OF THE EMIRATES

Mall of the Emirates, 2 A Street
✆ +971 4 382 3200
www.all.accor.com
H6670@accor.com
Métro M.O.E. ou Sharaf DG
Autour de 375 AED pour une chambre double.
Une réussite esthétique à un prix très étudié dans des suites de 30 ou 45 m² dont le salon se transforme en coin-lit pour les occupants supplémentaires, jusqu'à pouvoir accueillir 2 adultes et 2 enfants.

THE ADDRESS MONTGOMERIE

Emirates Hills ✆ +971 4 390 5600
www.theaddress.com
stay@addresshotels.com
Chambre double à partir de 840 AED.
Un links mamelonné en pleine ville à 10 minutes de Sheikh Zayed Road, à 4 kilomètres à vol d'oiseau de Dubaï Marina, oui c'est possible. Attention, pas plus de 21 chambres au total, dont neuf avec vue sur le parcours (de préférence 111,112 et 114), autant dire presque une maison d'hôtes.

INDEX

A / B

C / D

E / F

G / H

I / J

K / L

M / N

O / P